스물일곱,
과일로 쏘아 올린
200억

스물일곱, 과일로 쏘아 올린 200억

이진우 지음

차선책

프롤로그

올해 나이 27살, 나는 서른이 되기 전에 남들과는 다르게, 그리고 누구보다 빠르게 성공을 이뤄냈다. 시간을 조금만 거슬러 올라가 보자. 그저 사업이 하고 싶은 마음에 단돈 50만 원으로 호기롭게 시작한 휴대폰 케이스 사업은 막대한 손실만 남긴 채 실패로 끝났다. 이것이 내 커리어의 첫 단추다. 이후 돈이 될 만한 것은 뭐라도 팔아 보자는 생각에 액세서리부터 카펫, 러그, 신발 등 안 팔아 본 것이 없을 정도로 무식하게 사업을 해 왔다. 그리고 그렇게 내 손을 거쳐 판매된 여러 품목 중 지금의 나를 이 자리에 있게 한 '과일'을 만난 건 내 인생 최대의 성과이지 않나 싶다. 그리고 2020년 한 TV 프로그램에 출연한 한혜연 씨가 소개한 '스테비아 토마토'가 최고의 다이어트 제품으로 알려지면서 내 사업은 날개를 달 수 있게 되었다. 그 이후는 그저 보이지 않는 누군가가 내 멱살을 잡아끌고 지금까지 오게 만든 것 같다. 실패와 성공, 지옥과 천국을 오가며 지금은 올해 누적 매출 200억 원 달성을 눈앞에

둔 온라인 스토어의 신흥 강자 자리에 '방씨아들', '비씨컴퍼니'라는 이름으로 올라서게 되었다. 그리고 도전은 여기서 그치지 않고 누구나 월 1억 원 매출 달성이 가능하도록 '월억도전'이라는 B2B를 유튜브 채널과 함께 운영하며 내 노하우를 예비 창업자와 마케터들에게 소개하고 적극적으로 알려 주고 있다. 누가 그랬던가. 사람의 욕심은 끝이 없다고. 나는 여전히 성공에 목마르다. 그리고 여전히 치열하게 현장을 지키고 있다. 나는 이 책을 계기로 서른이 되기 전, 내 인생을 한 번 되짚어 보려 한다.

가난하고 배운 게 없어서, 경험이 부족한 20대 청년이라서 등 나를 둘러싼 수많은 상황과 수식어들이 있었다. 하지만 나는 오히려 과감하게 말할 수 있다. 현재 상황이 어떠하든 돈 벌기 가장 좋은 시기는 바로 지금이라고.

아마도 이 책을 읽는 독자 중 나보다 훨씬 더 뛰어난 사람들이 많을 것이다. 그럼에도 나 같은 사람도 이러한 성공을 이뤄냈다는 사실이, 그 자체로 엄청난 희망이 될 수 있지 않을까 싶다. 요즘 같이 인구가 감소하고, 자영업자들이 어려움을 겪으며, 좋은 직장을 찾기 어려워진 시대에 많은 사람들은 여러 가지 고민에 빠져 있다. 모든 상황이 부정적으로만 보이고, 아무것도 할 수 없는 상황인 것처럼 느껴질 수 있다. 하지만 세상은 계획대로 되지 않는다는 것을 이미 다 알고 있지 않은가. 나도 대학을 다니면서 과일을 팔게 될 것이라고는 생각조차 해 본 적 없었고, 물류창고를 운영하게 될 것이라고는 상상도 못 했다. 나는 그저 단순히 누구보다도 빠르게 실행에 옮겼을 뿐이다.

세상을 살아가면서 몇 걸음 앞을 내다보고 계획하며 일을 추진하는 사람들이 있지만, 그 계획은 실제로 한걸음 나아가 보면 금세 뒤틀려버린다는 것을 알게 된다. 이 책을 읽는 독자들이 누구보다도 빠르게 실행하고 실천해 원하는 목표에 도달했으면 좋겠다. 그것이 바로 내가 이 글을 쓰게 된 이유다.

생각만해서는 아무것도 이룰 수 없다. 고민 끝에 남는 것은 결국 고민의 부스러기뿐이다. 지금이라도 자리에서 일어나 행동으로 옮겨야 한다. 깨어나서, 실천하고, 부딪히고, 맞서 싸워서 이겨내야 한다.

차례

프롤로그   5

Part 1. 집안의 사고뭉치에서 누적 매출 200억 사업가로의 여정   13

🍎 빛과 그림자: 무작정 뛰어든 사업에서 슬럼프가 오기까지

1. 제철 남자 이진우! '과일'의 '과' 자도 몰랐던 내가……   15
2. '무작정 해 보자' 하고 뛰어든 사업   21
3. 경험을 통해 배우는 사업: 망하면서 배운다   26
4. 끝도 없는 수렁 속으로, 버리면서 배운다   32
5. 대학 졸업장보다 중요한 것이 있다면   40
6. 성장에 매료된 인간, 게임을 통해 얻은 교훈은?   43

🍎 방씨아들의 사업 노트: 성공의 맛, 인생은 달콤하게

1. 김씨, 이씨, 박씨? NO! 방씨아들!   49
2. 비씨컴퍼니에서 월억도전에 이르기까지   51
3. 처음 느껴본 성공의 맛, '영업 이익률 1억 원' 달성   53
4. 매출이 곧 인격이다   58
5. 번아웃: 성장이 정체되면 어김없이 찾아오는 그림자 '지금 이 순간'   59
6. Simple is the Best   63

🍎 도전하고 또 도전하라 어제와 다른 내일을 향해

1. 내 나이 27살, 내가 꿈꾸는 세상은?   69
2. 인생의 멘토를 찾기까지: 김승호 회장   72
3. 죽어도 지키고 싶은 3가지   75
4. 끝이 아닌 또 다른 성공의 시작점을 향해   78
5. 사업에 있어서는 언제나 진심   80
6. 1인 셀러, 시작은 미약했으나 그 끝은 창대하리라   83

🍎 모든 이야기의 끝은 또 다른 시작이다

1. 성공할 준비됐나? 일단 따라 해 보라!   87
2. 어떻게 해야 잘 팔릴까?   92
3. 진짜 열정이 있다면 이렇게 해라   94
4. 쉿, 나만 알고 있는 성공 비법   97
5. 성과   100

Part 2. 200억 과일 제국의 비밀: '월억도전' 노하우 대방출   103

🍎 온라인 마케팅 기초: 바이럴부터 상위 노출까지

1. 바이럴 마케팅이 뭔데? 그거 효과는 있는 거야?   105
2. 상위 노출, 나도 할 수 있는 건가요?   107
3. 더 잘 팔려면 ○○○이 남달라야 한다   110
4. 이 세상에 얼마나 많은 마켓들이 있을까?   114
5. 급변하는 네이버 로직, 어떻게 대응하면 좋을까?   119
6. 사람들은 원래 읽지 않는다   121
7. 네이버는 가구매로 리뷰를 모으지 않는다   126
8. 제발 쓰ㄹㄷ 무조건 하라   129
9. 남들보다 싸게 팔 생각은 하지 않는 것이 좋다   131

🍎 마인드 셋 변화로 여는 성공의 문: 비즈니스와 멘탈 관리

1. 일주일 만에 하루 발주 60만 원까지   137
2. 카지노는 어떻게 떼돈을 벌어들일까?   139

3. 나도 친구가 없다   142

4. 나 혼자 잘 먹고 잘 살 수 있다니까?   144

5. 실행력의 힘: 대학생에서 월 순이익 1억 원의 사업가로   148

6. 정말 열심히 하고 있는가? '메타인지'의 중요성   150

7. 통찰력과 지식으로 온몸을 두르다 (feat. 자청 & 『부의 인문학』)   152

8. 몰입의 힘: 일상 속 선택의 에너지 절약법   155

9. 메모의 힘: 간단하지만 강력한 습관   157

10. 사업 성공 후 주의해야 할 함정들   160

11. 책임에서 도망치지 마라: 진정한 도전에 맞서기   162

12. 마음을 정리하는 글쓰기: 나의 일상 변화기   164

13. 성공의 길: 신중함과 대담함 사이에서 (feat. 『손자병법』)   165

🍎 사업 운영의 마스터플랜:
지속 가능한 성장을 위한 혁신적 비즈니스 전략

1. 가격을 넘어서: 품질과 서비스로 승부하라   169

2. 매출 증대와 이익 극대화를 넘어서   172

3. 위탁판매는 여기까지만   175

4. 명절 마케팅 최적화로 제품 포트폴리오 관리하는 법   178

5. 대출: 사업 성장을 위한 전략적 도구로서의 이해와 활용   180

6. 과일 위탁판매의 달콤한 유혹: 단기 성공과 지속 가능성 사이에서   185

7. 의미 없는 위탁판매…… 진짜 안 하느니만 못하다   189

8. 쿠팡의 덫, 논란을 넘어 상생으로 나아가는 길   192

9. 회계장부, 사업가의 필수품: 내 돈의 행방을 추적하라   194

10. 위기 속에서 찾는 기회: 빠르게 캐치하고 기민하게 움직이자   196

11. 시즌을 넘어서: 신선식품 판매에서 스테디셀러로의 전환   199

12. 온라인 커머스의 다이아몬드 찾기: 식품 판매로 금맥을 캐다   201

13. 좋은 직원이란?: 제대로 된 주문을 해야 음식이 맛있다　203

14. 노하우를 레시피화하라 (feat. 『함무라비 법전』)　204

🍎 변화하는 시장에서의 성장 기회:
새로운 플랫폼의 등장에서 정책 활용까지

1. '올웨이즈'의 등장과 쿠팡의 전략 변화: 새로운 플랫폼의 기회 탐색　209

2. 단기 고수익의 미신: 지속 가능한 성장으로의 전환　211

3. 글쓰기의 힘: 기업 리더십에서 발견한 성장의 열쇠　213

4. 오프라인과 온라인의 조화: 과일 사업의 새로운 전략　214

5. 사업 성공의 열쇠, 정책 자금 100% 활용 전략　217

Q&A. 지피지기면 백전백승, 과일도 사업도 아는 만큼 성장한다　222

에필로그　237

'방씨아들'
대표 캐릭터

Part 1

집안의 사고뭉치에서
누적 매출 200억
사업가로의 여정

빛과 그림자
방씨아들의 사업 노트
도전하고 또 도전하라
모든 이야기의 끝은 또 다른 시작이다

빛과 그림자
무작정 뛰어든 사업에서 슬럼프가 오기까지

1. 제철 남자 이진우!
'과일'의 '과' 자도 몰랐던 내가……

사실 나는 과일을 좋아하지 않는다. 지금도 마찬가지다. 과일 하나로 누적 매출 200억 원을 달성한 내가 이런 말을 하는 것이 믿기 어려울 수도 있다. 하지만 나는 그저 사업이 하고 싶었다.

단순히, 그리고 막연하게 돈을 많이 벌고 싶었다. 그래서 매 순간 어떻게 하면 '돈을 많이 벌 수 있을까'에 대한 고민을 하며 살아왔다. 본격적인 사업 이야기를 하기 전에 조금은 먼 과거의 이야기를 먼저 꺼내 보려 한다. 내 인생은 사업을 시작하기 전까지는 한마디로 말하자면 막장이었다. 지금 돌이켜 보면 지나온 모든 과정은 도전을 위한 밑거름이었다고 생각한다. 하지만 막장도 그런 막장이, 비극도 그런 비극이 없었다.

나는 풍족하지도, 그렇다고 부족하지도 않은 가정에서 1남 2녀의 막내로 태어났다. 두 누나에게는 미안하지만, 나는 집안의 하나뿐인 아들로서 모든 관심과 사랑을 한 몸에 받고 자랐다.

나의 어린 시절은 누나들과는 다르게 조금은 떠들썩했다. 무법자 같던 내게는 친구들과 노는 것이 가장 큰 즐거움이었다. 그 즐거움이 심한 말썽으로 번져 부모님을 학교에 모셔 오기도, 호기심에 눈이 멀어 오토바이를 몰아 보기도 했다. 그때 난생 처음 경찰서에서 밤을 지새워 봤다. 고등학생 때는 매일 담배를 피워 대 선생님께 혼나는 것이 일상이었다. 덕분에 부모님은 학생인 나만큼이나 학교에 많이 왔었다.

그 외에도 말썽이 끊이지 않는 나를 쫓아내며 학교는 말했다. 수업을 듣지 말고 사회봉사를 다녀오라고 말이다.

이 이야기가 여기에서 끝난다면 그나마 희극이었을 것이다. 비극의 시작은 고등학생이 되어서다. 단순한 재미로 시작했던 스포츠토토는 나를 이전과는 다른 차원의 구렁텅이에 몰아넣었다. 학생 신분으로 여기저기 돈을 빌리고, 갚지도 못한 채 모두 탕진하는 등 도박에 빠져 다른 것들은 하나도 보이지 않았다. 지금 다시 생각해 봐도 그 시절의 나는 미래라고는 전혀 보이지 않는 '암흑의 구렁텅이' 그 자체였다.

그 당시의 어머니는 나를 보며 무슨 생각을 하셨을까? 한 치 앞도 보이지 않는 상황에서 내가 살 길은 대학 합격뿐이었다. 그렇지만 이런 내가 학업에 뜻이 있었을까? 고등학교 3학년, 야간자

율학습이 싫어 독서실을 가겠다고 하고는 독서실은커녕 피시방을 전전했다. 망한 수험생의 전형이었다. 어영부영 수능을 치르고 성적표가 나온 날, 나는 정말 제대로 재수를 하리라 마음먹었다.

그렇게 또 흐지부지 1년……. 눈 깜빡하니 시간이 지나 버렸고, 결국 원하는 대학교는 지원조차 하지 못했다. 이후 이곳저곳 알바를 전전하며 돈을 벌었다. 하지만 그나마 번 돈도 스포츠 토토에 꼬라박기 일쑤였다. 여전히 나는 정신을 차리지 못했고, 급기야 휴대폰깡에까지 손을 댔다. 휴대폰 '가개통'을 통해 휴대폰을 중고업자들에게 팔아 현금화하는 등의 일이었다. 당시의 나는 그런 일들을 서슴지 않고 했다.

결국 수중에 있는 돈을 모조리 도박에 쏟아부었다. 나에게 남은 것은 쌓여만 가는 빚뿐이었다. 당시는 정말 죽고 싶어질 정도로 막막했다. 언젠가 정신을 차리고 '다시는 토토를 하지 않으리라' 다짐하며 밤이고 낮이고 일만 했다. 그렇게 한 학기 등록금 가량의 빚을 차근차근 갚아 나갔다. 지금 생각해 보면 적다면 적은 돈이었는데, 당시에는 무척이나 거대하게 느껴졌다. 그 상황은 나에게 벼랑 끝의 지옥, 그 자체였다.

다행히도 사지 멀쩡한 젊은이가 한두 달만 빠짝 일하면 벌 수 있는 금액이었기에 이리저리 잘 마무리되었다. 하지만 끝이 아니었다. 나에게 또 하나의 난관이 닥친 것이다. 바로 군대였다.

어차피 해야 한다면 후딱 해치워 버리자

대한민국의 남자라면 누구나 거쳐야 할 국방의 의무를 짊어지고자 신체검사를 받으러 갔다. 막 체중을 측정하고 체중계에서 내려온 내게 담당자는 말했다.

"재검 받으러 오셔야 합니다."

재검이라니, 이게 무슨 날벼락 같은 소리인가. 별안간 벼락을 맞은 기분이었다. 나는 담당자에게 그 이유를 물었다. 담당자는 담담한 표정으로 대답했다.

"몸무게가 너무 많이 나가요. BMI 지수도 높고요. 재검 받지 않으면 불이익이 있어요."

"불이익이 뭔데요?"

"현역으로 가는 겁니다."

그러니까 내가 지금 현역으로 군대를 갈 수 없는 상태란 말인가. 그 정도란 말인가. 그 이야기를 듣자마자 스스로 너무 쪽팔리고 민망했다. 사지 멀쩡한 남자가 공익 아니면 면제라니? 팔팔한 놈이 남들 다 하는 의무를 못 한다니. (물론 공익이나 면제를 비하하는 말은 아님을 알아주길 바란다.)

당시의 나는 오기인지 의무감인지 모를 무언가에 취해 무조건 현역을 가고 말겠다는 결심을 했다. 그날로부터 눈물겨운 다이어트가 시작되었다. 그러나 사람의 습관이라는 것이 쉽게 바뀌지는 않는 법이다. 밤만 되면 치킨과 온갖 야식이 눈앞에 아른거렸다. 어찌나 먹고 싶던지 정말 눈물이 날 정도로 고통스러웠다. 그렇게 악착같이 10kg을 빼서 현역으로 입대했다. 지금 생각해 보면 무슨 생각이었는지 모르겠다. 나도 참 정상은 아닌 놈이었다. 이후 내가 자대 배치를 받은 곳은 9사단 신병교육대대였다. 초반이었던가. 뜬금없이 연락이 온 친구는 대뜸 나에게 말했다.

"야, 너 ○○이 알지? 걔는 면제래!"

나는 그날 불침번을 서면서 생각했다.

'아, XX……. 괜히 왔다.'

나는 16년도 군번이었는데, 당시에는 입대 지원자가 역대급으로 많아 몸무게가 좀 나가거나 시력이 안 좋으면 공익 또는 면제로 빠졌다고 한다.

어찌 되었든 나는 약 2년간의 군대 생활을 마치고 전역했다. 당시에는 '이제는 정말 정신 차리고 보란 듯이 열심히 살겠다'라는 말을 호기롭게 내뱉고 다녔으나 앞에서 말했듯이 정말 사람은 쉽게 변하지 않았다. 나는 전과 다를 것 없이 또다시 허송세월하며 시간을 보냈다. 그때 어머니는 고기 집을 하셨는데, 나는 거기서 저녁에는 일을 하고 새벽에는 피시방에 가 '배틀그라운드'라는 게임을 밤새 했다. 잠자고, 일하는 시간을 제외하면 모조리 게임을 하는 데에만 시간을 쏟은 것이다. 도돌이표처럼 다시 예전으로 돌아가려는 내 모습을 보다 못한 어머니께서 한마디를 하셨다.

"진우야, 너 언제까지 그렇게 살래? 젊은 놈이 뭐라도 해야 하지 않겠어? 학교 가서 공부라도 다시 시작하는 게 어떠니?"

어머니의 말씀에 문득 '그래, 뭐라도 해 보자'라는 생각이 들었다. 그때 가장 만만한 것은 토익 같은 영어 공부였다. 얼추 듣기로 강남에 있는 어학원이 잘나간다기에 그날 당장 강남에 있는 영어 학원을 등록했다. 자퇴했던 대학교도 이래저래 알아보고 이후 재입학 원서를 내서 다시 학교에 다니게 되었다. 그렇게 나름 열심히 사는 젊은이가 되어 가는 것 같았다.

50만 원으로 뗀 첫걸음

그러던 어느 날이었다. 아버지께서 몸이 안 좋으신지 계속 쉿 소리를 내셨다. 시간이 지나도 상태가 호전될 기미가 보이지 않아 함께 병원에 갔고, 의사는 예상하지 못한 진단을 내렸다.

"오랜 흡연으로 목이 많이 망가졌습니다. 이대로는 목에 구멍을 뚫어서 숨을 쉬셔야 할지도 모릅니다. 담배를 끊으셔야 해요."

청천벽력 같은 말이었다. 마냥 건강하다고 생각했던 아버지였기에 그 충격은 더 크게 다가왔다. 생각보다 훨씬 심각한 수준이었고, 앞으로의 건강관리가 무엇보다 중요했다. 그로부터 며칠이 지나고, 어머니께서 나를 조심스레 불러 말씀하셨다.

"아버지 폐가 너무 안 좋으니까 어떻게든 담배를 끊으셔야 해."

"그렇죠. 어떻게든 끊으셔야죠."

"그래, 그렇지? 근데 너까지 집에서 담배 냄새를 풀풀 풍기고 다니면 아버지가 끊으려다가도 다시 피우고 싶지 않겠니?"

나는 초등학생 때부터 담배를 피웠다. 물론 자랑할 일은 아니지만 그만큼 정말 오래된 습관 중 하나로 자리 잡았다는 말을 하고 싶었다. 아버지에게는 죄송하지만 내가 담배를 끊는 것은 어려울 것 같다고 판단했다. 내 말에 어머니가 제안을 하나 하셨다.

"엄마가 매달 50만 원씩 줄게. 그러니 오늘부터라도 끊어."

그렇게 나는 담배를 끊게 되었다. 50만 원이란 돈에 혹해서 말이다. 물론 아버지의 건강 문제도 한몫했지만, 하여튼 그렇다. 지금 생각해 보면 나란 놈은 참 여러모로 지독한 놈이었다. 그렇게 담배를 끊다 보니 담뱃값도 안 들지, 돈 나갈 구멍이랄 게 딱히 없었다. 술도 하루 이틀이지 매일 먹을 수는 없지 않은가.

그러다 보니 돈을 모으는 게 가능해졌고, 어느새 내 손에 잉여 자금이 생기기 시작했다. 그때 불현듯 어떤 생각이 스쳤다.

'이 돈으로 뭐라도 해 봐야겠다.'

바야흐로 첫걸음을 떼는 순간이었다.

2. '무작정 해 보자' 하고 뛰어든 사업

그렇게 잉여 자금으로 무엇을 해 볼까 생각하던 중 마침, 곧 대학교 축제 기간이었다.

'그래, 축제 때 뭔가를 팔아 봐야겠다!'

처음에는 반지, 팔찌 같은 액세서리를 판매하려고 했다. '도매꾹'이라는 사이트에서 액세서리만 10만 원어치를 샀는데, 이게 웬

걸. 내가 원하는 것보다 질이 훨씬 떨어졌다. 아무리 아무것도 모르는 초짜가 파는 상품이라지만 이건 정말 도저히 팔 수 없을 것 같았다. 하는 수 없이 반품하고 다른 것을 찾아보는데, 우연히 페이스북을 통해 철판 아이스크림 영상을 보게 되었다. 만드는 방식부터 아이스크림의 독특한 비주얼까지, 축제 때 사람들의 눈길을 끌기에 충분한 아이템이라는 생각이 들었다.

'그래, 이거다!'

본격적으로 철판 아이스크림 장사를 하려고 필요한 장비들을 알아보니 일단 아이스크림을 제조하는 기계가 필요했고, 발전기 같은 그 외의 것들도 필요했다. 특히, 학교의 정식 허가를 받고 진행하는 것이 아니었기 때문에 전기선을 마음대로 끌어다 쓸 수가 없었다. 그래서 발전기가 필요한데 이 준비가 만만치 않았다. 심지어, 이 발전기를 축제 기간인 3일 동안만 단기로 빌려주는 곳 또한 없었다. 결국 축제 기간 동안 판을 깔아 보지도 못한 채 시간은 흘러갔고 그렇게 또 흐지부지되었다. 시작도 못 해 본 아쉬움이 채 사라지기 전에 뜻하지 않은 기회가 찾아왔다.

방학을 맞이했던 어느 날, 친한 친구 수현이와 수다를 떨던 와중 트럭을 이용한 과일 장사 이야기가 나왔다. 무슨 연유로 이 이야기를 시작했는지 모르겠다. 그런데 모든 아이디어는 항상 갑작스럽게 떠오르더라. 우리는 신이 나서 떠들었다.

"야! 수현아. 진심 재밌겠다. 그러면 봉지 크기를 소, 중, 대로 나눠서 손님들이 담을 수 있을 만큼 직접 담게 하고 5,000원, 1만원, 1만 5,000원 이런 식으로 가격을 나누면 어떻겠냐?"

그렇게 수현이와 나는 이번에야말로 장사를 해 보겠다는 생각에 들떴다. 우리의 머릿속에는 온통 과일 트럭 장사 생각뿐이었다. 그렇게 하루 이틀이 지나고…… 문득 트럭을 아직 구하지 않았다는 것이 생각났다.

"수현아. 근데 트럭은 어디서 빌리냐? 한 달씩 빌려주나?"

한 번 생각나니까 줄줄이 사탕으로 질문이 나왔다.

"수현아. 근데 팔고 남으면 어떻게 하나? 복숭아 같은 건 남으면 X 될 텐데……."

"수현아. 과일은 어디서 사냐? 막막하네……."

"수현아. 이거 이렇게 하는 게 맞는 거지?"

그렇게 실행에 옮기는 것 하나 없이 아이디어 회의만 주야장천 반복하던 난 문득 깨달았다.

반지/팔찌, 철판 아이스크림 그리고 과일 트럭까지…… 도대체 뭘 하는 거지? 난 한순간에 계획만 으리으리하지 정작 해 본 것은 아무것도 없는 놈이 되어버렸다.

"그래. 남자 새끼가 맨날 말만 하고…… 칼을 뽑았으면 무라도 썰어야 할 것 아니야!"

주저앉기보다 일단 돌진해라

유튜브를 찾아보니 아이템 스카우트라는 사이트가 있었다. 거기서 검색량은 많고, 경쟁 강도는 낮은 상품을 찾았는데, 그것이 바로 스마트폰 갤럭시S10 케이스였다. 이때는 케이스를 어디서 사야 할지조차 몰랐다. 그렇게 혼자서 북 치고 장구 치는 와중에 어머니께서 한마디하셨다.

"남대문 시장에는 없는 게 없어."

다짐이 그대로 휘발되기 전, 날이 밝자마자 바로 남대문 시장으로 향했다. 그렇게 뭐에 홀린 듯 30만 원어치 미러 케이스와 젤리 케이스를 덜컥 사버렸다. 30만 원은 당시 내게는 전 재산이나 다름없는 큰돈이었다. 이 돈을 케이스에 몽땅 '투자'한 것이다.

'과감히 돈을 썼으니 이제 뭐라도 되겠지'라는 생각으로 사업자를 내고, 온라인으로 본격적인 판매를 시작했다. 하지만 하루, 이틀이 지나도 주문은 들어오지 않았다.

처음에는 몰랐다. 상품을 올리기만 하면 무조건 주문이 들어오는 줄 알았다. 하지만 그건 꿈같은 이야기에 불과했고 나는 그저 매일 F5를 누르며 상품 페이지만 새로고침하는 것이 전부인 하루를 보냈다.

막막했지만 여기서 주저앉을 수는 없었다. 뭐라도 방법을 찾아야 했다. 휴대폰 케이스가 주문이 없으니 다른 상품도 올려 보자는 생각에 이곳저곳 알아보며 팔 수 있는 상품을 찾아다녔다.

서울시청에서 푸드 박람회가 있다고 하면 무작정 가서 사업자 등록증을 인쇄한 제안서를 무식하게 내밀었다. 거절당하면 어때?

일단 해 보는 거지.

그렇게 하루가 멀다 하고 발품을 팔며 상품 사냥에 혈안이 되어 있을 무렵 '셀러오션'이라는 카페에서 크록스 비슷하게 생긴 신발을 위탁받았다. 난 이 상품이 뭔지도 모른 채 바로 판매 사이트에 올렸다. 그러다 집에서 하루 종일 상품 페이지만 들여다보며 판매에 열을 올리는 내 모습을 본 아버지께서 대뜸 그러셨다.

"야 인마, 그게 되겠냐?"

순간 설움이 북받쳤다. 지금은 웃으며 넘길 수 있지만, 그때 내겐 너무나도 큰 상처가 되는 한마디였다.

과일도 올리고, 카펫, 러그, 신발 할 것 없이 닥치는 대로 일단 올려 봤다. 그러다 어느 날 주문 하나가 딱 들어왔다.

"미쳤다! 누구야!"

내 노력에 하늘도 감동했는지 드디어 첫 주문이었다. 서둘러 주문 확인을 했다. 주문자명: 이수진. 어라? 이름이 익숙했다. 다시 확인해 보니 다름 아닌 작은누나였다.

"아이고…… 그럼 그렇지……."

실망하던 순간, 알림이 하나 더 떴다.

"에이 설마……."

이번엔 진짜 주문이었다.

'청무화과.'

생전 처음 보는 이름에, 주소도 나와 전혀 관련 없는 곳이었다.

'이거구나. 이게 되는 거였어!'

3. 경험을 통해 배우는 사업:
망하면서 배운다

그렇게 대학생 때부터 시작한 사업은 어느새 내 업이 되어 가고 있었다. 그저 용돈벌이로 생각했던 것이 점차 진심이 된 것이다.

때마침 2019년 연말에 코로나 바이러스가 터졌고, 나는 재입학을 한 학교에 곧바로 휴학 신청서를 제출했다. 생각지도 못하게 찾아온 코로나 팬데믹 상황에 여러 제약이 생겨나자 온라인 시장의 성장세는 가파르게 상승했다. 이에 온라인 사업을 기반으로 하고 있던 내 사업도 하루가 다르게 성장해 갔다. 그때도 여러 품목의 상품을 되는 대로 판매했지만, 그중 과일은 주문이 들어오자마자 농장이나 거래처에 발주를 넣는 형태로 움직였다.

때는 2018년이었다. 설을 맞아 신세계에서 주관하는 선물세트 배송 대행 알바를 딱 한 번 했다. 신세계 측에서는 선물세트에 명함이나 이름을 꼭 넣어서 보냈다. 그래서 나는 누가 어떤 선물을 보내는지 유심히 볼 수 있었다. 그러다 보니 겨울에 '애플망고 선물세트'가 잘나간다는 것을 알게 되었다.

'아니 한겨울에 애플망고라니?'

과일에는 하나도 관심이 없었던 나는 그땐 애플망고라는 것이 어떻게 생겼는지도 전혀 몰랐고, 그대로 잊어버렸다. 그렇게 2020년, 설날을 맞이했다. 어설프긴 해도 몇 개월 온라인 사업을 경험한 터라 어떤 상품이 잘나가는지 데이터로 대략 찾을 수 있었다. 그러던 어느 날 문득 신세계 선물세트 배송 알바 경험이 머릿속을 스쳤다.

'애플망고!'

나는 불현듯 생각난 애플망고를 구하고자 이곳저곳 거래처를 수소문해 찾아냈다. 광양의 한 과일 시장이었다. 그렇게 애플망고 샘플을 주문해 상태도 직접 확인하고, 이를 홍보할 수 있는 사진도 찍었다. 그때는 신뢰를 줄 수 있는 썸네일을 만들고자 내가 직접 애플망고를 들고 사진을 찍기도 했다. 준비를 모두 마치자마자 바로 판매를 시작했는데, 썸네일이 나름 이목을 끌었는지 쿠팡에서 상당히 많이 판매되었다.

'역시! 내 예상은 틀리지 않았어. 설에는 무조건 애플망고지!'

정상적으로 발주를 마치고, 고객들에게 상품이 하나둘씩 도착했다. 그러던 와중 예상치 못한 일이 발생했다. 나는 그동안 시즌에 맞는 상품을 발굴하고 판매하기만 급급했지, 판매 이후에 어떤 문제가 생길지는 미처 생각하지 못했다. 전화기의 진동이 계속 울렸다. 한 통, 두

통, 다섯 통, 열 통, 스무 통……. 전화는 쉴 새 없이 왔고, 항의 문자가 빗발쳤다.

"아니, 물건을 받았는데 애플망고가 전부 썩어 있어요."

"이게 뭐예요. 얼었다 녹았는지 아주 새카매요."

정신이 없었다. 어디서부터 잘못된 것인지 짐작조차 할 수 없었다. 그래. 침착하자. 뭐가 문제인지 일단 확인부터 하자. 정신을 차리고 냉정하게 상황을 살펴보니 배송된 물건의 거의 70% 이상이 항의가 들어온 것이다. 이 정도 수치면 나머지 30%는 아직 상품을 열어 보지 않아서 항의하지 않은 것이라고 봐도 무방해 보였다. 그 와중에도 C/S 전화는 계속되었다. 미쳐버릴 것 같았다. 지금 이 상황에서 내가 선택할 수 있는 방법은 단 한 가지였다. 사실 답은 정해져 있었다. 애플망고를 바로 품절시키고 거래처에 클레임하면서, 고객들에게는 한 분 한 분 사과를 드리고 빠르게 환불해 드리면 되는 것이었다.

그런데, 애증의 애플망고……. 비록 사고는 났지만 이렇게 놓고싶지 않았다. 막말로 지금 와서 애플망고가 아닌 다른 상품을 준비한들 무슨 소용이겠느냐?

사태를 수습하던 중 주말이 되었고, 나는 생각할 시간이 필요했다. 이 답답한 상황을 혼자 견디기 어려워 여자친구를 만나 저녁을 함께 먹었다. 그래도 도저히 힘이 나지 않았다. 그럼에도 꾸역꾸역 저녁을 먹던 와중에 또 전화가 오고 문자가 쇄도하기 시작했다. 나머지 30%의 고객들이 애플망고를 확인한 모양이었다. 순간 나도 모르게 한쪽 눈에서 눈물 한 방울이 흘렀다. 나 대신 누군가 이 문제를 해결해 줬으면 좋겠다고 생각했다. 구원자가 나타나 모든 사태를 정리해 주면 좋겠다고 생각했다. 나아가 제발 품질 좋은 애플망고를 누군가 다시 나에게 가져다주면 좋겠다고 생각했다. 아니, 그냥 이 상황에서 회피하고 싶었다. 끊임없이 빗발치는 항의 전화와 문자에서 벗어나 날 좀 그냥 내버려뒀으면 좋겠다고 생각했다. 멘탈이 나가고, 아무것도 듣고 싶지 않았다. 그저 어디론가 숨고 싶은 마음뿐이었다.

하늘이 무너져도 솟아날 구멍은 있다

극심한 스트레스에 몇 날 며칠 잠을 못 자서일까, 나도 모르게 까무룩 잠이 들었다. 잠에서 깨고 나니 상황은 달라지지 않았지만 내 기분은 조금은 나아진 듯했다. 하지만 휴대폰을 보면 여전히 한숨만 나왔다. 그래도 간만의 숙면으로 피로가 회복되어서일까? 어떻게든 방법을 찾아야겠다고 생각했다.

침대에서 벗어나 네이버에 '애플망고'를 검색했고, 모든 리뷰를 하나하나 분석하기 시작했다. 애플망고 품질에 대한 리뷰는 내 생각보다 더 엉망이었고, 그런 리뷰들을 보고 있자니 어쩐지 위안이 되기도 했다.

'나만 고생한 게 아니었네……'

도대체 애플망고는 왜 이런 문제가 생기는 것일까? 그 원인을 밤새도록 찾아봐도 도통 알 수가 없었다. 그래서 늦은 밤, 네이버에서 애플망고를 제일 잘 팔고 있는 '세븐스타'라는 업체에 무작정 연락했다.

> 안녕하세요, 세븐스타 대표님 저는 스마트스토어/쿠팡에서 농수산물을 판매하고 있는 '방씨아들' 대표 이진우입니다.
>
> 설 연휴 대비로 너무 바쁘실 텐데 이렇게 갑작스럽게 연락드려 정말 죄송합니다. 다름이 아니오라 이번에 위탁 업체를 통하여 애플망고를 받아서 촬영까지 마친 후 판매하고 있는데, 두 가지 문제가 지속적으로 발생하고 있습니다. 냉해인지 상한 것인지 정확하게 파악이 어렵습니다.
>
> 주문은 밀려드는데 이제는 매출이 오르는 게 마냥 웃음이 나오지 않습니다. 도저히 이 컴플레인을 어떻게 처리해야 할지 모르겠어 두렵기까지 합니다.
>
> 바쁘실 텐데 정말 죄송하지만, 이와 관련해 조언을 받을 수 있을까요?

자정이 가까운 시간에 절박한 목소리로 상황을 설명하는 내 모습을 안타깝게 생각한 것인지 담당자가 내 질문에 답변을 해 주었다. 항공으로 들어온 상품을 보내면 문제가 없다는 것이었다. 그런데 항공으로 들어온 상품과 선박으로 들어온 상품의 가격은 무려 1박스당 2만 원씩이나 차이가 났다. 지금 이미 판매된 상품을 항공으로 발송하면 무조건 손해인 상황이었다. 그리고 이어지는 답변을 통해 일단 항공과 선박의 차이를 알게 되었고, 선박에서도 문제가 생기지 않을 수 있다는 것까지 확인했다. 그래서 선박으로 애플망고를 취급하는 업체를 계속해서 수소문한 결과 딱 한 군데, 망고에 대해서 상당히 전문적으로 블로그 글을 쓰는 업체를 찾아냈다. 더 따지고 볼 것도 없었다. 지금 나는 뭘 가리고 말고 할 처지가 아니었다.

바로 연락을 했다. 업체에서는 너무 감사하게도 내 사정을 잘 이해해 주셨고, 바로 다음 날 미팅을 잡을 수 있었다. 눈이 많이 내린 오전, 설레는 마음으로 화성으로 달려갔다. 화성에 도착해 망고 업체 담당자를 만났고, 선박으로 들어온 괜찮은 애플망고를 공급해 주겠다는 약속까지 받았다. 물론, 가격이 비싸서 1박스당 마진이 1,000~2,000원 수준이었지만, 이 역시 내게 중요하지 않았다.

'그래도 괜찮아······ 좋은 물건을 보낼 수 있으니까······!'
길고 긴 터널의 끝이 보이는 듯했다. 미팅을 마치고 돌아가는 차 안에서 하루도 편할 날이 없던 내 마음이 이제야 안정을 찾기 시작했다.

D-DAY. 실제로 선박 물건이 입고되는 날, 남양주 진접에 소재한 물류창고로 갔다. Damoa라고 쓰여 있는 스티커가 붙은 망고. 내가 그동안 샘플로 시켰던 망고들보다 훨씬 겉모양도 수려했다.

걱정 반 기대 반으로 애플망고의 반을 잘라보니 아주 예쁘고 노란 빛을 띤 과실이 보였다. 정말 감격스러웠다. 내가 이렇게 또 한 번 문제를 해결했구나. 그렇게 밀려들어오는 주문 건을 처리하고, 클레임 건들 또한 이 새 망고로 다시 보내 해결했다. 그러고 나니 마음이 굉장히 편안해졌다. 그때 느꼈다. 하늘이 무너져도 솟아날 구멍은 있다. 방법은 찾으면 있다는 것을⋯⋯.

4. 끝도 없는 수렁 속으로, 버리면서 배운다

그렇게 폭풍 같은 설을 잘 보내고, 최종 수입을 정산해 보았다. 이것저것 마진을 계산해 보니 내게 떨어지는 건 900만 원 정도였다. 정말 행복했다. 900만 원도 900만 원이지만 내 스스로 문제를 해결했다는 것이 너무나도 자랑스러웠다.

하지만 그렇게 명절이 지나고 나니 매출은 급격하게 떨어졌다. 이상 현상은 아니었다. 명절 전에 했던 과소비를 점차 줄이고, 꼭 필요하지 않으면 지갑을 열지 않는 소비 심리는 지극히 자연스러운 일이었다. 특히 명절은 과일 선물이 많다 보니 과일의 수요는 떨어지는 것이 당연했다. 이를 예측하지 못한 것은 아니었기에 크게 연연하지 않고 다음 스텝을 준비했다.

여느 때와 다름없이 갖가지 상품을 준비하던 어느 날, 생각지도 않던 특정 상품에서 갑자기 매출이 빵 터져 버렸다.

'뭐지……?'

'스테비아 토마토? 뭔데 발주가 이렇게 많지……?'

밀려드는 발주의 이유를 도대체 알 수가 없었다. 새로고침을 할 때마다 늘어나는 주문.

'이거 뭐야?!'

사태를 파악하고자 검색을 해 보니 한혜연이라는 스타일리스트가 MBC 〈나 혼자 산다〉라는 프로그램에 출연해 다이어트를 할 때 먹는 토마토라고 소개한 것이 늘어난 발주의 원인이었다. 주문은 미친 듯이 빗발쳤다.

'이게 방송 출연의 묘미인가?'

쏟아지는 주문량에 '앞으로도 이런 날만 이어진다면 얼마나 행복할까?'란 달콤한 상상에 빠져 있을 무렵, 또다시 문제가 터졌다. 전국 각지에서 몰려드는 주문량에 스테비아 토마토 공장에서 생산을 감당하지 못한다는 것이었다. 공장 담당자와 통화하니 발주부터 배송까지 족히 일주일은 더 걸린다고 했다. 순간 잊고 있던 불안감이 스멀스멀 올라오기 시작했다. '쿠팡 로켓배송에 적응된 소비자들이 주문 후 배송까지 일주일을 기다려 줄까?' 걱정은 되었지만 들어온 주문을 포기할 수는 없었고, 일단 고객들에게 일일이 문자를 돌려가며 취소를 막는 것이 전부였다.

'방송으로 인해 주문량이 너무 많아졌다. 좋은 상품으로 골라 보내드릴 테니 조금만 기다려 달라……. 항상 감사하다…….'

지금 당장 다른 데에서 주문해도 늦는 것은 마찬가지였기에 고객 반응도 괜찮았다.

스테비아 토마토 1차 입고일, 최대한 많은 주문을 보내 달라 거래처에 간곡히 부탁했다. 상품을 받은 고객들의 리뷰가 하나씩 늘어났다. 다행히 이번에는 별 탈이 없어 보였다. 그러나 문제는 다른 곳에서 시작되었다. 당장 거래처에 입금할 돈이 없는 것이다. 하루에 1,000만 원까지 스테비아 토마토 주문이 들어왔다. 수수료를 제외하고 10% 정도 마진을 본다고 해도 대략 800만 원은 결제를 해줘야 한다는 것인데, 지금 갖고 있는 자본금으로는 턱없이 부족했다. 방법이 없을까? 일단, 거래처에 상황을 설명했다.

"지금 갑자기 주문이 많이 들어오는 바람에 자금이 부족합니다. 사방팔방 자금을 끌어올 방법을 찾고 있습니다. 확인되는 대로 말씀드릴 테니 결제까지 조금만 기다려 주실 수 있을까요?"

거래처에서도 폭발하는 주문을 처리하고 싶은 마음이 컸던 것일까? 일단 OK란 답을 받았다. 그래도 매일 들어오는 주문을 거래처에서 언제까지나 기다려 주지는 않으리라 생각했다. 지금껏 그래왔던 것처럼 방법을 찾아야 했다. 물 들어올 때 노 저어야 한다고 자금이 없다는 이유로 큰 이익을 눈앞에 두고 놓친다는 것이 너무나 아쉽게 느껴졌다. 자금을 확보하기 위해 은행부터 주변 지인까지, 손을 뻗을 수 있는 곳은 모조리 연락하고, 직접 찾아갔다. 그러나 선뜻 빌려주는 곳은 없었고, 시간은 속절없이 흘러갔다. 갈 때까지 갔다고 생각하던 차에 버스 회사에서 30년 넘게 근무하신 아버지께 이 사정을 말씀드려 보자고 생각했다.

"아버지, 제가 갑자기 주문이 많이 들어오는 바람에 결제 자금이 부족해요. 쿠팡에서 1달 정도 돈을 묶어 두니 현금이 돌지를 않네요. 돈이 들어오는 대로 바로 드릴 테니 여유가 되신다면 돈 좀 빌려주실 수 있으세요?"

우리 집이 잘사는 편은 절대 아니다. 내세울 게 있다면 아버지께서 장기 근속하셨다는 점 하나일까. 아들의 절박한 소식을 들은 아버지도 당장의 여유는 없으셨기에 30여 년의 경력과 집을 담보로 대출을 알아보셨다. 은행을 통해 들은 답변은 1억 원 한도로 대출이 가능하단 소식이었다. 다행이다……. 정말 다행이다……. 대출금 1억 원을 확보하기까지 꽤 오랜 시간이 걸렸지만, 그래도 거래처에서 잘 기다려 준 덕택에 결제 대금은 무사히 정산할 수 있었다.

인생은 끝없는 파도의 연속

그렇게 승승장구할 것 같던 스테비아 토마토 판매에 문제가 생겼다. 스테비아 토마토가 익지 않은 채 완전 푸르딩딩한 상태로 출고되었던 것이었다. 물론, 애플망고만큼의 엄청난 C/S 전화는 아니었지만 슬슬 진절머리가 나기 시작했다.

'나는 열심히 팔아 주는데, 대체 왜 물건을 이런 식으로 보내는 걸까? 내가 담당자라면 이런 것은 절대 안 보낼 텐데…….'

스테비아 토마토, 참외, 매실 등. 정말 직접 눈으로 봤다면 절대 보낼 수 없는 물건들이 고객에게 배송되어 C/S 전화가 종종 오기 시작했다.

> 과일을 받았는데, 터진 것도 있고 상한 것도 꽤 보입니다. 전반적으로 상태가 너무 안 좋아요.

그러던 찰나에 둘째 누나가 회사를 그만두고 새로운 일자리를 찾고 있었다.

'그래. 내가 직접 물건을 보고 보내는 거야!'

그렇게 누나를 고용해 상품을 직접 검수하는 일을 함께하기 시작했다. 친구와 수원에 가서 중고 트럭을 알아봤다. 물건들을 보관할 창고도 이때 함께 알아보기 시작했다. 하지만 일반 창고들은 가격이 만만치 않았고, 이래저래 소식을 통해 지식산업센터를 알아봤다. 월세는 150만 원. 해 볼 만하다고 생각해 덥석 계약했다.

'이제부터가 진짜 사업이야. 내가 제대로 된 물건을 직접 보고 보낼 거야!'

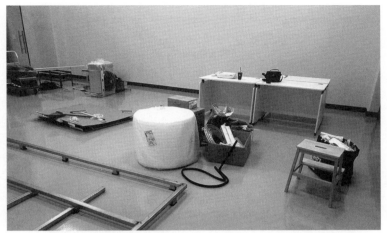

사업장 초기 모습

그렇게 처음으로 트럭을 끌고 시장에 가는데……. 쾅! 뒤에서 트럭이 박았다.

졸음운전을 한 모양이었다. 아마 트럭 대 트럭이 아니라 트럭 대 자가용이었으면 진짜 죽었을 수도 있다. 그렇게 지옥 불은 시작되었다.

'내가 보내는 게 생각보다 쉬운 일이 아니구나.'

과일의 '과'자도 몰랐던 내가 과일을 보관하고 유통하는 방법을 알 리가 없었다. 그 결과 아주 멀쩡하던 복숭아가 하루 만에 썩어 버렸다.

> 복숭아 상태가 너무 좋지 않네요. 어떻게 이런 상품을 보내실 수 있나요? 4kg 환불 부탁드립니다.

거기서 끝이 아니었다. '어떻게 이런 걸 돈 주고 사 먹으라고 보내냐'라는 원망 섞인 고객의 말까지. 죄송한 마음이 드는 한편 억울함도 들었다. 위탁을 맡겼던 거래처도 지금 나와 같은 생각이었을까?

그렇게 실제 과일은 제대로 만져 본 적도 없는 작자가 과일을 실제로 만지기 시작하면서 미친 듯한 스트레스의 나날이 계속되었다. 말 그대로 지옥 그 자체였다. 그사이 살은 30kg 가까이 쪘다. 그렇게 힘들면 남들은 다 빠지던데 넌 왜 찌냐고 할 수도 있는

데, 당시 식사 시간이 매우 불규칙할 수밖에 없었다. 밤 11~12시는 되어야 퇴근하고 돌아와 스트레스를 푼답시고 맥주를 먹었던 것이 화근이었으리라 생각한다.

돈은 또 얼마를 날려 먹었는지 모른다. 다만 이때는 돈이 문제가 아니었다. 여기저기서 두들겨 맞으니 제정신이 아니었다. 완전히 그로기 상태였다. 아무리 포장을 단단하게 해도 과일은 계속 썩고 문드러지기 일쑤였다.

'날이 더워서 그런 걸까?'

그렇게 다음날 출근을 했는데……. 분명 멀쩡했던 복숭아가 하루 만에 죽어버렸다.

'이게 뭐지……? 이럴 수가 있는 건가?'

절망에 빠져 있기도 잠시, 어떻게든 원인을 찾으려던 노력이 헛

되지 않았는지 복숭아에 자주 발생하는 병충해인 '탄저병'이라는 존재를 알 수 있었다. 드디어 아무리 포장을 개선해도 해결이 되지 않았던 이유를 찾아낸 것이다. 복숭아에 탄저병이 들었는지는 눈으로 알 길이 없다. 애초에 물건을 매입할 때부터 정말 꼼꼼하게 봐야 한다는 것이다. 이래서 복숭아가 어렵다 어렵다 하는구나. 박스에 단 1개라도 탄저균이 보이면 절대 매입하지 말 것. 이렇게 또 하나 배웠다.

이때부터는 복숭아 매입 시 실수가 극도로 줄어들었고, 사전에 생길 문제를 어느 정도 예측할 수 있었기 때문에 손실률도 많이 줄었다. 덩달아 고객들이 쏟아 내는 원성도 많이 잦아들었다.

창고를 오픈하자마자 고난이 다가왔지만, 고난의 해결이 결국 나에게 큰 교훈으로 다가왔다. 역시 몸소 부딪히는 것만큼 빠른 게 없다는 사실 말이다.

5. 대학 졸업장보다 중요한 것이 있다면

다가올 2020년을 기다리던 어느 날, 전 세계적으로 코로나 바이러스가 터졌다. 지난 메르스 사태를 기억해 이 또한 금방 지나가리라 생각했다. 하지만 내 예상과는 다르게 마스크 대란에 품귀 현상까지 일어나고, 여기저기서 확진자가 속출하기 시작했다.

'이거 생각보다 심각하구나……'

국가적으로 재난대응본부를 마련해 움직이기 시작했고, 조금은 생소한 '사회적 거리 두기'라는 규율도 생겼다. 그래도 이때까지만 해도 막연하게나마 괜찮을 줄 알았다. 다가오는 새 학기를 맞아 대학 동기들과 같이 살 방까지 계약했다. 하지만 얼마 지나지 않아 학교에서 공문이 내려왔다.

'코로나 바이러스 확진자 증가 및 사회적 거리 두기로 인해 모든 강의는 온라인 강의로 대체됩니다.'

'아니 이게 무슨 말이야! 안 그래도 학비 비싸기로 유명한 학교인데 온라인 강의라니?'

동기들은 다들 한목소리로 말했다.

"와! 온라인 강의 개꿀이다!"

그러나 난 이 분위기에 동의할 수가 없었다. 나는 좀 남들과 다른 면이 있었기 때문이다. 한 번은 이런 일이 있었다. 대학교를 재입학해서 다닐 때였다. 나는 연세대학교 원주에서 학교를 다녔는데, 우리 학교는 미션스쿨(기독교 학교)이었다.

그래서 1학년 교양과목으로 기독교 관련 수업을 꼭 들어야 했다. '성서와 ○○○, 예수그리스도 ○○○…….' 그중 악명 높은 수업이 있었다. 바로 김장생 교수님의 수업이었다. 이 교수님은 본인의 생각을 내세우는 토론형 수업을 강조하셨다. 그래서 그런지 학생들 사이에서 평가가 좋지 않았는데, 나는 그런 여론에 공감할 수 없었다.

'왜? 아니 학비가 얼만데……. 이 정도는 해야 하는 거 아니야?'

친구들은 이렇게 말했다.

"아니, 기독교 수업은 A 받으려고 듣는 수업인데, 김장생 교수님 수업은 빡세게 공부해도 A 받기 쉽지 않고 자꾸 내 생각을 물어보시니까……."

나는 곧바로 이 수업을 신청했다. 다른 과목들도 소위 빡센 과목만 골라 수강 신청을 했다. 그래서 나는 수강 신청 기간에 광클이 필요 없었다. 내가 신청하는 강의는 항상 널널했기 때문이다.

나는 대학은 학점을 잘 받기 위한 곳이 아니라 배움을 얻기 위한 곳이라 생각했다. 또한 배움을 통해 생각하는 힘을 기르는 곳이라고 생각했다. 이런 나에게 온라인 수업이라니? 400만 원 가까이 되는 거금을 내는데 말이다. 나는 도저히 받아들일 수가 없었다.

'그 돈이면 물류 트럭 장비를 교체할 수 있을 텐데……. 아니지, 거래처에 이번 달 대금을 먼저 치를 수 있지. 창고 천장 시공도 마무리할 수 있고.'

순간 이 돈을 학교에 지불할 가치가 있는지를 진지하게 고민하기 시작했다. 그러고는 얼마 지나지 않아 결심했다.

'그래, 여기에서보다 내 일에서 답을 찾자.'

답을 내린 직후 곧바로 휴학 신청을 해야겠다며 교학처를 방문하려 했지만, 사실 주저하는 마음이 없지는 않았다. 휴학하게 되면 되돌아갈 길이 없을 것만 같았다. 그렇게 시작된 새 학기 3월 2일, 첫 수업을 듣는 순간.

"이건 아니지."

바로 휴학 신청을 했다.

6. 성장에 매료된 인간,
게임을 통해 얻은 교훈은?

고등학교부터 대학교까지의 인생을 도박으로 정리한다면 초등학교 시절의 나는 게임 중독이었다.

메이플스토리, 바람의 나라 등 하루에 12시간이 넘도록 컴퓨터를 하는 날이 부지기수였다. 그중 나는 '바람의 나라'라는 게임에 완전히 심취해 학교 가고 잠자는 시간을 제외하고는 하루 종일 게임만 했다.

당시 모든 캐릭터의 최고 레벨이 99였는데, 나는 하루라도 빨리 최고 지점에 도달하고 싶었다. 한 일주일쯤 지났을까. 레벨 50이 되었다. 목표인 99의 절반 정도에 도달하니 레벨 올라가는 속도가 현저히 더뎌졌다. 초조해졌다. 99에 도달하는 과정이 마냥 즐겁지 않았다. 빨리 정점에 다다르고 싶은 마음뿐이었다. 그러다 '아이템매니아'라는 사이트를 알게 되었다. 그곳은 현금으로 아이템을 사고팔 수 있는 사이트였고, 사용자 간 계정 역시 현금으로 거래가 가능한 곳이었다. 난 흥분을 감추지 못하고 최고 레벨의 계정들을 검색해 보니 3만 원이면 충분히 살 수 있었다.

'그래! 이걸 사서 바로 최고가 되어야지!'

당시 초등학생인 나에게 3만 원은 매우 큰돈이긴 했지만 감히 범접하지 못할 수준까지는 아니었다. 그래도 당장 수중에 돈은 없으니 참고서 살 돈을 부풀리고, 심부름하고 거스름돈을 갈취하는 수법 등을 동원해 어떻게든 그 돈을 마련하고자 애쓰고 또 애썼다. 참고서 가격이 1만 5,000원이면 부모님께 2만 원 정도라고 부풀려 말해 5,000원을 부정 취득했다. (아마 내 또래 웬만한 학생들은 다들 써 봤을 수법이다.)

그렇게 야금야금 모아서 3만 원을 갖자마자 눈독을 들이던 계정을 구매했다. 6학년인 나는 통장이나 카드가 없었기에 '무통장 입금'으로 3만 원을 송금했다. 그렇게 레벨 99의 계정을 손에 넣게 되었고, 처음 로그인하던 그때의 기분은…… 아직도 잊을 수 없다.

'짧은인연.' 당시 내가 구매한 계정의 ID다. 지금 생각해 보니 마치 가상현실의 나와 현실 세계에서의 나와의 만남이 이처럼 짧을 것을 미리 알고 있었던 것이 아닐까. 그렇게 갖고 싶던 끝판왕을 손에 넣자 세상을 다 가진 기분이었다. 레벨 제한으로 입장할 수 없던 사냥터에 들어가서 사냥을 하고, 엄청나게 능력 있는 이들과 파티를 이루어 게임을 했다. 레벨 99가 된 지 꽤 된 것처럼, 처음이 아니라는 듯 으스대면서 이야기도 주고받았다.

'짧은인연 님, 이 사냥터 많이 해 보셨어요?'

'네! 그럼요. 저 이거 부캐(부계정, 부캐릭터)에요. 도적으로 키우다

질려서 다른 캐릭터를 키우고 있습니다.'

그렇게 첫날은 하늘을 나는 듯한 기분이었다. 내가 레벨 99라니……! 그리고 이튿날, 셋째 날, 넷째 날……. 한 일주일쯤 되었을까? 문득 자괴감이 들었다.

'내가 이걸 왜 하고 있지? 뭘 위해서 이걸 하고 있지?'

더 이상 성장하지 않는 캐릭터를 갖고 씨름하는 내가 한심하게 느껴졌다. 그 생각을 끝으로 바람의 나라뿐만 아니라 모든 게임에 흥미가 뚝 떨어졌다. 그래도 한때 게임 중독이었던지라 이대로는 아쉬웠던지 이것저것 새로운 게임을 시도해 봤다. 그러나 더 이상 전처럼 내게 즐거움과 흥미를 가져다주진 못했고, 이내 자연스럽게 게임과 멀어지게 되었다. 한 번 미워지면 한없이 미워 보이는 걸까? 그토록 사랑했던 게임이 이렇게 영양가 없고, 재미없는 것인 줄 몰랐다. 어머니는 말씀하셨다.

'이 녀석이 이제 중학교 올라가려고 하니까 정신 차렸나 보다.'

그때의 경험은 나에게 아주 큰 교훈으로 다가왔다.

인간은 성장에서 행복을 느끼고
보상은 눈과 귀를 막는 잠깐의 쾌락일 뿐이다

많은 사람들은 닿을 수 없는 물질적 풍요를 열망하고, 열광한다. 그러나 주변을 돌아보라. 잠깐이다.

성장의 도파민은 나를 초등학생 내내 게임 중독으로 만들었지만, 물질적 풍요는 단 일주일 만에 꺼져버렸다. 물질적 풍요를 이미 누리고 있는 사람들에게 아첨하고 아부하는 삶. 람보르기니를 타면 이 세상이 완전히 달라질 것이라고 생각하는 삶.

왜 내가 매달 1,000만 원 이상 벌고도 멈추지 못하는지……. 주변에서 '그 정도면 됐지'라고 조언할 때도 왜 끝까지 앞만 보고 달렸는지……. '왜 너는 차를 사지 않느냐'라는 말에 왜 내가 차에 관심 없다고 했는지……. 나는 이미 알고 있었다. 인간도, 사업도 모두 마찬가지다. 내가 꼭 람보르기니, 페라리를 타야만 행복한가? 으리으리한 한강뷰에 살아야 행복한가? 그렇지 않다. 인간은 성장에서 행복을 느낀다. 보상은 잠시의 쾌락일 뿐이다. 그래서 나는 매일매일 성장을 추구한다.

이 책을 보더라도 물질적 풍요에 대한 갈망은 절대 없어지지 않으리라는 것을 안다. 그럼에도 괴짜 같은 놈의 한 인생을 보고 껍데기뿐인 삶에 대해 다시금 생각해 보기를 바란다.

이진우의
Turning Point

시작이 반? 아니, 시작이 전부다.
성공한 사람과 실패한 사람이란 이분법적인 사고를 버려라.
'실행한' 사람과 '실행하지 않은' 사람만 있을 뿐이다.
일단 먼저 발사하고 나중에 맞혀라.
일은 벌리고 수습하면 된다.

인생은 끝없는
고난의 연속이지만,

그 파도를 넘는다면
훌쩍 성장한 당신을
만날 수 있다.

2
방씨아들의 사업 노트
성공의 맛, 인생은 달콤하게

1. 김씨, 이씨, 박씨? NO! 방씨아들!

과정은 치열하게, 결정은 단순하게

2019년 6월, 과일을 앞세워 본격적인 사업을 시작하고자 사업자 등록증을 신청했다. 사업자 등록을 위한 절차를 차근차근 밟아 가던 중 마지막까지도 결정하지 못한 것이 바로 상호였다. 어떤 이름이 좋을까? 한참을 고민하고 또 고민했지만 딱히 떠오르는 이름이 없었다. 그러다 문득 어머니의 가게 이름이 떠올랐다. '방가네'(어머니께서 하남시에서 작은 고깃집을 하신다.) '방가네? 그럼 방씨……. 방씨아들 어떨까?' 해서 만들어진 이름이 '방씨아들'이다. 과정은 치열했지만 결정은 의외로 단순했다. 5년이 다 되어 가는 지금도 만나는 사람마다 대부분 물어본다.

"어머, 여기 명함 보니까 이씨인데, 왜 방씨아들이에요?"

"저희 어머니 성씨가 방씨여서 방씨아들로 지었습니다."

사실 별생각 없이 지은 이름이다. 그냥 친숙해 보였다. 그래서 나온 이름이다. 그렇게 별 뜻 없이 결정한 '방씨아들'로 사업을 운영한 지 3~4년 차를 넘어갈 때쯤 이름이 마음에 들지 않았다. 남들 다 내로라하는 BI(브랜드아이덴티티)도 없었다. 나는 그저 뭐 하나 내세울 것이 없었다. 그냥…… 방씨아들……, 울 엄마 아들……. 방문옥 여사님의 아들……, 그뿐이었다.

과일을 판다고 과일을 꼭 좋아해야 하나?

나는 과일 장수이지만 그 누구보다 과일을 좋아하지 않았다. 과일을 먹었던 기억을 떠올리면, 초등학생 때 대하사극 〈주몽〉을 보면서 어머니가 사과나 배를 깎아 주셨던 기억뿐이다. 또는 이따금 맛있는 복숭아를 먹었던 기억 정도다. 그러다 보니 스스로 브랜드 이름에 대한 고뇌에 빠졌다. 과일에 진심도 아닌 녀석이 과일을 뭘 안다고……. '방씨아들'은 대체 뭘 하는 회사야? 도저히 중심을 잡을 수 없었다. 하지만 방씨아들이라는 이름은 한 번 들으면 절대 잊히지 않았다. (더러 방씨네 아들, 혹은 방씨네 라고 부르는 사람들이있다. 하지만 절대 완전히 잊히지는 않았다.) 긍정적으로든, 부정적으로든 나를 기억해 주셨다.

'그럼 된 거 아닌가?'
그래. 나는 방씨아들이다.
과일을 좋아하진 않지만, 그래서 더 까다로운, 그래서 웬만한 것은 다 맛이 없는……그래서 내가 선별하고 선택한 상품은 누구라도 만족할 수 있는, 최고 중의 최고만 고집하는, 그것이 방씨아들이다.

2. 비씨컴퍼니에서 월억도전에 이르기까지

'방씨아들'을 창업하고 그간 많은 일을 겪었다. 1인 셀러의 시작, 기존 소형 창고에서 대형 창고로의 이전 등 처음이라 겪는 시행착오도 있었고, 풀어야 할 숙제는 산더미였다. 특히, 창고 이전의 과정에서 다소 무리수를 두었다. 소형 창고까지는 좋았지만, 대형 창고로 옮기면서 그에 맞는 매출이 필요했다. 직원들도 아직 시스템이 완벽하게 자리 잡지 않았는데 외형만 커지다 보니 당장 내부적으로 매출 능력을 키울 뾰족한 수가 보이지 않는다고 성토했다. 그래서 선택했던 것이 B2B였다.

B2B를 운영하다 보니 아직까지 신선식품 시장에서는 B2B가 시스템적으로 완벽한 곳이 없다는 것을 깨달았다. 모든 발주 처리는 카카오톡 또는 메일로 이루어졌고, 그로 인해 불필요한 인력이 너무 많이 투입되었다.

'이걸 하나로 묶을 방법이 없을까?'

목마른 놈이 우물 판다고 원하는 운영 조건을 갖추고자 이리저리 방법을 찾아보기 시작했다. 결국 내 사업과 딱 맞는 플랫폼은 찾을 수 없었고, 그렇게 내가 원하는 플랫폼을 직접 개발하기 시작했다. 그 결과물이 바로 '월억도전'이었다. B2B를 더 효율적으로 운영하기 위해 플랫폼 개발을 진행했고, 동시에 법인도 함께 설립했다. 그 법인이 바로 비씨컴퍼니다.

실행해서 안 되는 건 없다

월억도전, 방씨아들처럼 상당히 직관적이고 투박한 이름이다. 나라는 사람의 개성이 많이 들어간 브랜드명이다. 어머니의 가게 이름에서 힌트를 얻어 만든 '방씨아들'과 달리 '월억도전'이라는 이름에는 나의 진심 어린 염원이 담겨 있다.

'월억도전'은 문자 그대로 월에 1억 원을 벌어 보자는 도전정신을 담았다. 그리고 나뿐만 아니라 나와 거래하는 혹은 이 세상의 모든 셀러와 마케터, 대표님들이 한 달에 1억 원씩은 벌 수 있게 만들자! 하는 일념으로 개설하게 되었다. 그래서 B2B 사이트를 개설함과 동시에 커뮤니티도 만들었다. 내가 어떻게 여기까지 왔는지에 대한 도전정신을 가감 없이 보여 주고 싶었고, 나의 노하우를 공유함으로써 다른 사람들도 나만큼 혹은 내가 거둔 성과 이상으로 성공할 수 있다는 자신감을 갖게 해 주고 싶었다. 게임 중독과 도박꾼이었던 내가 어떻게 이렇게 성공했는지를, 대한민국은 왜 헬조선이 아닌지를 내가 이뤄 낸 성과를 통해 똑똑히 보여 주고 싶었다. 더불어 당신들도 충분히 할 수 있다는 사실을······.

월억도전 - 실행해서 안되는건 없다

@achieve_millionaire · 구독자 1.95천명 · 동영상 136개

채널 자세히 알아보기 >

cafe.naver.com/achievemillionaire 외 링크 1개

구독   가입

그래서 '월억도전'의 정신은 바로 '실행해서 안 되는 건 없다'다. 우리 커뮤니티/몰의 정신을 정말 정확하게 대변한다. 나는 단순히 신선식품만 유통하는 회사로 그치고 싶지 않았다. 그리고 나 한 사람 성공하기 위한 사업을 운영하는 것도 원치 않았다. 내 경험을 녹인, 작지만 알찬 성공 경험담이 누군가에게 약이 되고, 적절한 처방이 된다면 내가 누릴 수 있는 가치의 크기가 더 커질 것이라 생각했다. 그리고 이 생각은 지금도 여전하고, 앞으로도 나를 움직이게 하는 가장 중요한 가치가 될 것이라 믿어 의심치 않는다.

3. 처음 느껴본 성공의 맛, '영업 이익률 1억 원' 달성

내가 모르면 아무도 모른다. 사업체를 운영하며 마이너스가 난다는 것을 알고 나서부터 깨우친 것이 있다. 세무사가 우리의 재무 건전성을 관리하고 해결해 주지 않는다는 것을……. 즉, 내가

모르면 아무도 모른다. 사업가로서 회사 경영에 대해 하나부터 열까지 모든 걸 다 알 수는 없지만, 적어도 모르는 것이 있으면 안 되겠다는 생각에 그때부터 세무회계 공부를 하기 시작했다. 책을 봤더니 어려웠다. 그래도 일단 머릿속에 넣어 두자는 생각에 계속 읽었다. 그리고 거래처 세무사를 엄청나게 귀찮게 했다.

'다음 주 수요일에 혹시 시간 괜찮으세요? 여쭤볼 게 있어서요.'

주에 한 번씩은 찾아가 손익계산서는 어떻게 만들어지는지, 왜 이런 결과가 나오는지, 우리가 돈을 못 버는 이유는 어디에 있는지 하나씩 캐물었다. 그렇게 1년 가까이 세무사를 주기적으로 만나다 보니 세법에 어렴풋이 눈이 뜨였다. 세무의 기본적인 원리부터 절세의 방법을 그때 배웠다. 그리고 세무사에게 부탁했다.

"월별 손익계산서를 만들어서 보고 싶은데 방법이 없을까요?"

그렇게 월에 200만 원 가까이 되는 돈을 지불하며 경리 아웃소싱을 맡겼다. 다음 달 15~20일경 전 달의 성적표를 받으러 세무사를 만나러 갔다. 지금도 이 글을 쓰는 내내 긴장이 된다. 세무사를 만나러 갈 날이 다가오고 있기 때문이다.

월별 손익계산서는 CEO의 성적표다

지표를 보니 한동안 개선될 여지가 보이지 않았다. 너무 몸집 불리기에 집중한 탓일까? 도저히 해결 방법이 보이지 않았다. 매출이 있어야 인력을 유지할 수 있었고, 그러다 보니 자꾸 무리수를 둔 것이다. 그래도 판매는 계속해서 발생하니 매출은 높았다. 그렇지만 그에 따라 매입도 함께 높았다. 가관이었다.

어느 날 내 손에 들린 손익계산서의 숫자를 보고 한동안 눈을 뗄 수가 없었다. '마이너스 1억 원!' 그 달에는 아무것도 하기가 싫었다. 매달 숨만 쉬어도 2,000~3,000만 원씩 마이너스가 나는 걸 두 눈 뜨고 지켜볼 수밖에 없었다.

'차라리 다 때려치우면 나을까?'

세법은 알아도 돈을 버는 정확한 프로세스는 몰랐다. 돈을 제대로 남기지 못했다. 아무래도 장사꾼 기질이 부족했던 탓인 것 같다. 나는 아직 어렸고, 거래처에 돈 이야기를 하는 것이 미안했다.

2022년도 전반기는 정말 지옥 같은 해였다. 물건을 무리하게 잘못 사입해서 월에 1억 원이 날아가는 것을 숫자로 맞이한 순간, 그 공포는 이루 말할 수 없었다. 그래도 벗어나야만 했다. 그리고 생각했다.

'어차피 나 혼자 해도 밥 벌어먹고 살 수는 있어. 망하면 어때? 그냥 해 보자! 너 절대 안 죽어, 진우야. 어차피 잃어 봐야 10억 원이고 20억 원이야. 이렇게 배짱이 없어서 뭘 하겠다는 거야?'

그렇게 마음을 다잡고 다시 방법을 강구하기 시작했다.

원인은 멀리 있지 않았다. 지금 다시 봐도 너무나도 뻔하고 자명한 것이었다. 판매원가가 높다는 것은 마진을 제대로 측정하지 않았다는 것이고, 그렇게 버려지는 손실률을 정확하게 고려하지 않았다는 것. 이 점이 내가 마이너스의 늪에서 벗어나지 못하는 주원인이었다. 원인을 알았으니 이제 해결해야 했다. 분명한 것은 마진과 로스율, 2가지 모두를 다 잡을 수는 없기에 최소한의 마진은 제대로 측정하자고 판단했다.

그때부터 대형 벤더사들과의 거래를 하나둘 끊기 시작했다. 되짚어 보니 일은 일대로 많고, 마진을 좀먹는 주범이었다. 대형 벤더사 MD들은 항상 가격 네고를 요청했다.

"대표님, 다른 업체에서 1만 원에 비딩(bidding: 입찰) 들어왔는데, 1만 1,000원은 힘들 것 같은데요?"

그러면 나는 저 상황에서 1만 원에 어떻게든 가격을 만들어 그들이 요구하는 대로 맞춰주었다. 그리고는 대형 벤더사를 욕했다. 그런데 사실 따지고 보면 그들은 그들의 할 일을 충실하게 수행했을 뿐이다. 내가 바보였다. 돈이 안 되면 안 하는 게 맞는 것이다. 경영은 지금 당장 한순간만 보고 운영하는 것이 아니라 지속 가능해야 한다. 오늘 그 가격에 주면 한 달 뒤에도, 혹은 일 년 뒤에도 그 수준으로 줄 수 있어야 한다. 그것이 안 되면 안 하면 된다. 그런데 나는 바보같이 계속했다. 당장 매출이 많아 보이면 뭐라도 되는 줄 알았나 보다. 그래도 뒤늦게라도 알았으니 됐다. 아니 사실은 알고 있었을 것이다. 숫자는 거짓말을 하지 않고 늘 나에게 시그널을 보냈다.

"아이고 이 화상아, 똥인지 된장인지 꼭 찍어 먹어 봐야 아냐?"

그래, 내가 멍청했다.

왜 내가 을이어야만 하는가? 되려 목에 핏대 빳빳이 세우고 주장할 것을 주장했다. 그게 안 된다? 그럼 단박에 거절했다. 그렇게 거래처들이 하나씩 줄어 갔다. 당연한 결과지만 매출이 급속도로 떨어졌다. 그래도 버텨야만 했다. 매출이 준 만큼 매입량을 줄이고 인건비도 줄였다. 그 외 불필요하고, 지금 당장에 필요 없다고 생각하는 각종 비용을 모조리 줄였다. 이익은 나지 않았지만 최소한 손실이 크지는 않았다(물론 이것도 손실이었다).

이제는 더 이상 업체들에 의존하기보다 내가 직접 시장에서 팔아야겠다고 생각했다. 물론 그때도 B2C를 했지만 더 집중해야겠다고 생각했다. 그렇게 B2C 매출로 기존과 비슷한 정상 수준까지 올려 두었다. 그러더니 2023년 1월, 설날 버프를 받아 영업 이익 1억 원을 달성했다. 지표를 받아보고 너무 감격스러웠다. 그동안 힘들었던 시기들이 모두 보상받는 기분이었다. 죽고 싶을 만큼 힘들었지만 아무에게도 말할 수 없었고, 누구라도 알아주길 바랐지만 아무도 자기 일이 아니었고, 우울증이 왔지만 누구에게도 약한 모습을 보일 수 없었다. 그리고 마침내 보란 듯이 뒤집었다. 그래서 인생은 가까이서 보면 비극이지만 멀리서 보면 희극이라는 말이 있나 보다.

4. 매출이 곧 인격이다

사업을 하면 할수록 머릿속에서 맴도는 구절이 하나 있다. 바로 "매출이 곧 인격이다"라는 말이다. 나는 사업을 하면서 '스피드'를 정말 중요하게 생각하는 편이다. 우리 회사 식구들도 내 업무 스타일에 대해 '남들보다 한두 걸음씩 앞서서 걷는다', '판단과 행동이 빠르다'라는 말을 하는데, 나는 이 점을 중요하게 생각한다. 어떤 상황에서도 스스로에게 최면을 걸어 나를 버리고 일이 되게끔 하는 것이 중요하다고 판단했기 때문이다.

그렇다고 나와 주변을 돌보지 않으면서 오직 일이 되는 것만 쫓아서 집중하는 것은 아니다. 나는 더 이상 혼자가 아니고, 내게는 지켜야 할 식구가 있으며, 조직보다 더 뛰어난 개인은 없으니 말이다. 다만, 사업을 이끌어 가는 대표로서, 사업의 몸집을 크게 키우면서는 언제나 극단적인 상황을 가정해 멘탈을 다진다. 혹시라도 사업이 잘못되어 모든 직원이 다 떠나고 나 혼자 남게 되더라도 충분히 이 역경을 헤쳐 나가 삶을 살아갈 수 있다고 말이다. 물론 실제로도 그렇다고 믿는다. 그렇기에 내가 선택하고 도전하는 것에 과감한 결단을 내릴 수 있다. 막말로 혼자서도 마음만 먹으면 한 달에 2,000~3,000만 원은 그냥 벌 수 있다. 결국 내가 포기하지 않는 이상 기회는 항상 도처에 있기 마련이다. 그래서 도전하는 것을 두려워하지 않는다.

핑장히 단순해 보이지만 이게 바로 나의 사업가적 인격이고, 이를 매출을 통해 증명하고 있다. 이런 식으로 생각하면서도 주의를 기울이는 것이 한 가지 있다. 바로 무리하게 매출을 늘려서 마이너스를 찍는 일은 최대한 피하는 것이다. 눈앞의 매출에 얽매여 허덕이지 않고 더 큰 그림을 보면서 계획하고 실행하는 것. 그러면서 안정적으로 꾸준히 소득을 생성하며 사업에 힘을 기울이는 것이 중요하다. 이렇게 생각하면 사업을 운영하는 입장에서도 마음이 더 편해진다.

결국 내가 말하고 싶은 것은 50억 원의 빚이 있어도 밥은 먹고 살 수 있다는 것이다. 그러니 두려워하지 말고 앞을 향해 달려가는 것이다. 이런 사고방식이 리스크를 낳을 수도 있지만 적어도 나에겐 필요한 처방이었고, 사업에 있어서 긍정적인 효과를 창출했다. 이것이 지금까지, 그리고 현재와 앞으로의 나를 유지하고 발전시킬 수 있는 키 모티브라 생각하고 오늘도 한걸음 더 전진한다. 누군가 말하지 않았는가? '밑져야 본전'이다.

5. 번아웃: 성장이 정체되면
어김없이 찾아오는 그림자 '지금 이 순간'

나는 매출이 미친 듯이 오르고, 정신없이 달려야만 행복했다. 성취형 인간에게 내린 저주라고 해야 할까. 매일매일 주문량을 확인하고, 고객들의 반응을 살피며, 어떻게 하면 좀 더 회사를 키울 수 있을까에만 매몰되어 주변을 돌아보지 못한 적이 있었다. 그 결과 매출은 가파르게 오르고, 그럴수록 나는 그저 앞을 향해 정신없이 더 달렸다. 그러다 보니 직원들이 내 속도에 발맞추지 못했고 뒷수습이 안 되기 시작했다. 나는 매출을 내고 미친 듯이 달리는데, 정리가 안 된 회사의 모습과 나가떨어져 있는 직원들을 보고 있자니 스트레스가 이만저만이 아니었다. 한 번은 이사님이 말했다.

"대표님, 속도를 좀 줄이셔야 할 것 같아요. 직원들 불만이 너무 많습니다."

순간 그러면 안 되지만 너무 화가 났다.

'아니, 이 정도도 못하면서 무슨 일을 한다고?'

화가 난 마음을 잠시 진정시키고, 다시 한 번 곰곰이 생각해 보니 직원들의 불만이 이해도 되었다.

'그래, 속도를 좀 늦추고 발맞춰 가 보자. 혼자 가면 빨리 가지만 함께 가면 멀리 간다 하니…….'

그러나 이러한 과정이 계속 반복되다 보니 번아웃이 주기적으로 왔다. 그때만큼은 정말 아무것도 하기가 싫었다. 회사에 나가는 것 자체가 고통스러웠다. 그래서 오전에 잠깐 출근했다가 오후에는 미팅이 있다고 하곤 외부로 나갔다. 회사를 벗어나서는 답답한 마음을 달래기 위해 책을 읽었다. 책에는 해답이 있을 것 같았다. 그렇게 외근은 잦아졌고, 굳이 필요하지 않은 미팅도 마구잡이로 잡았다. 그냥 밖으로 나가고 싶었다. 당시에는 회사가 내게 지옥과도 같았다.

이런 내 마음을 알았을까? 자리를 지키지 않고 밖으로 나다니는 나를 보고 어느 한 사람도 뭐라고 하지 않았다. 나 역시 눈치가 보이지 않았다면 거짓말이지만 직원 중 그 누구도 대표의 만행을 만류할 수 없었다. 문득 깨달았다. 나는 이 회사의 CEO다. 나를 꾸짖고, 타이르며 동기부여해 줄 수 있는 사람이 없었다. 권위적이라 느낄 수 있겠지만 아직까지는 이것이 현실이다.

『성공을 바인딩하라』라는 책을 보면 프로와 아마추어의 차이를 극명하게 알 수 있다.

"프로는 번아웃이 올 때 자기 나름의 극복할 방법을 가지고 있다. 그러나 아마추어는 누군가 동기부여해 주기를 기다린다."

이 문장을 통해서 보면 나 역시도 아마추어였다. 순간 답답했던 마음 한구석이 시원하게 뚫리는 기분이었다. 지금껏 내가 한 행동이 문제를 해결하고 극복하기 위함이 아니고, 그저 상황을 회피하기에만 급급했다는 것을 알게 되었다.

'그래! 이거지! 다시 힘내자!'

그 이후 번아웃을 극복하기 위해 끊임없이 표류했다. 한때, 누군가가 내 멱살을 잡고 이끌어줬으면 좋겠다고 생각한 적이 있었다. 그러나 나는 아마추어와 프로를 나누기 이전에 CEO다. 누군가 멱살 잡고 마냥 동기부여해 주길 기다릴 순 없었다. 해결 방안을 마련해야 했다. 아니, 이 상황을 벗어나기 위해서 어떻게든 방법을 찾아야 했다. 수많은 시행착오 끝에 드디어 나만의 번아웃 해결 방법을 찾았다. 일단 번아웃이 오면 의욕이 떨어진다. 아무것도 하기 싫고, 누워 있고만 싶고, 어떤 생각도 하기 싫다. 사업적인 생각이 머릿속을 떠나지 않아서 계속해서 스트레스를 만들어 낸다. 이럴 땐 모든 것이 원망스럽다.

번아웃이 온다는 것은 부정적인 생각에 사로잡혀 의욕이 떨어진다는 것을 말하는데, 그럴 때는 무조건 눕지 마라. 정신적·육체적으로 그로기 상태가 되면 반사적으로 어딘가 기대게 되고 앉거나 눕고 싶어지는데, 이는 적절한 해결책이 아니다. 그럴수록 일찍 자고 일찍 일어나는 습관을 가져야 한다. 차라리 아침 일찍 일어나서 공복으로 걷거나 뛰는 것이 좋다. 또는 대청소라도 해라. 뭐든 억지로 해야만 한다. 하루만 실천해도 부정적인 생각에서 어느 정도는 벗어날 수 있다. 날 믿고 딱 일주일만 해 보면 엇나갔던 리듬이 다시 회복되고, 정상으로 돌아올 것이다. 결국 자기 자신을 믿고, 잃을 것이 없다는 마음가짐으로 부딪치고 또 부딪쳐 볼 수밖에 없다. 부정적인 생각은 던져 버리고 긍정적인 생각으로 자신을 가득 채워라.

'할 수 있다. 안 되면 어때?'

6. Simple is the Best

내가 좋아하는 격언 중에 "환경이 사람을 만들고, 사람이 환경을 만든다"라는 말이 있다. 이 말처럼 내·외부 환경은 삶과 업무 효율성에 결정적인 영향을 미친다. 언제나 상황은 순식간에 변한다. 이런 상황에 능동적으로 대처할 수 있도록 도와주는 것이 환경 설정이다. 잘 설정된 환경이 나를 살리고, 우리를 지켜 줄 것이라고 믿는다.

내가 생활하는 집도 이런 생각에 기반해 꾸며졌다. 현재는 독립해서 사는 내 집 입구부터 내 작업 공간까지, 일할 수 있는 환경을 만드는 데 집중했다. 노트북을 꺼내고 세팅하는 것이 귀찮아서 일을 안 하게 되는 상황을 방지하기 위해서다. 이렇게 생활공간에서도 업무를 볼 수 있는 환경을 만들었기에, 나는 어디서든 업무를 수행할 수 있고, 그와 함께 작업 효율성도 상당히 향상되었다. 간혹 '일상과 휴식의 공간인 집에서까지 업무 환경을 조성하느냐?'라고 묻는 이가 있는데, 내게는 일이 삶이자 곧 휴식이다.

그러나 이는 나만의 경우이며, 사람마다 삶을 대하는 자세와 업무 스타일 등이 제각각 다를 것이다. 몇몇 주변 사람들은 본인에 대한 통제력이나 자기 관리 능력이 뛰어나 환경 설정에 크게 의존하지 않아도 업무를 잘 수행하는 경우가 있다. 하지만 내 경우는 다르다. 환경이 내 능력을 크게 좌우하기에 내 입맛에 맞는 환경이 제대로 설정되지 않으면 아무것도 하지 않는 경향이 있다.

예전 재수생 시절의 이야기다. 어머니께서 '너 재수학원 다녀라, 아니면 기숙학원이라도 다녀라'라고 조언하셨지만, 나는 이 핑계, 저 핑계를 대며 독서실에서 공부하겠다고 선언했다. 하지만 결과는 좋지 않았고, 대학 낙방이란 최종 성적표를 받게 되었다.

무엇이 문제였을까. 면밀히 살펴봤을 때 당시 내게 맞는 환경 설정에 실패한 것이었다. 혼자라는 것은 일을 주도적이고, 능동적으로 할 수 있지만, 그 누구도 내 행동을 제재하거나 주의를 기울이지 않았기 때문에 나는 나태함과 희미한 목표 의식 속에 나를 내버려두게 된 것이다. 그러다 보니 공부에 집중해야 할 시간에 농구를 하거나 잠을 자는 것으로 하루를 보냈고, 이로 인해 제대로 공부하는 시간이 줄어들었다. 이때의 실패는 이후 내 인생에 커다란 영향을 끼쳤다. 현재는 꾸준히 운동을 하기 위해 개인 트레이너(PT)와 약속을 미리 잡고, 헬스장 컨디션 또한 내게 맞는 곳으로 세팅해 7시에는 무조건 운동을 할 수 있게 설정해 놓았다.

사람은 본인이 얼마나 강한 의지의 소유자인지와 관계없이 환경의 영향을 받는다. 그래서 복잡하지 않게, 불필요한 것들을 제거하고 본인이 집중할 수 있는 최선의 환경을 만들어야 한다. 이는 학교, 회사에서만이 아닌 개인의 삶에서도 굉장히 중요하다고 말하고 싶다.

책 집필도 환경 설정의 연속이다. 출판사가 요구하는 원고 작성 시한과 이미 결정된 출간 일정에 맞춰 진행해야 하기에 매번 새로운 관점으로 본인에게 동기를 부여하게 된다. 무슨 일이든 시간대를 정해두고 시작해야 한다. 그래야 과제를 완수할 동안 지속적으로 집중할 수 있다.

물론 이를 위한 투자가 필요하다. 지금 당장 돈이 들더라도 이 일이 되게끔 하는 것, 복잡하게 하지 않고 단순하게 하는 것이 가장 베스트라고 생각한다.

이 점을 제품이나 서비스 개발에서도 그대로 적용할 수 있다. 예를 들어, 우리 회사 홈페이지도 처음에는 UI(User Interface)부터 서비스 실행까지 모든 것이 복잡했다. 특히, 고객 입장에서 봤을 때 직관적이지 않았고, 실행하기 위해 여러 절차를 거쳐야 했다. 이 문제를 해결하기 위해 단조롭지만, 직관적이고 원하는 서비스를 누리기까지의 절차를 최소화하는 것에 포커스를 맞춰 홈페이지를 재구성했다.

실제로 '고수'와 '하수'의 차이는 여기에서 나타난다. '하수'는 쉬운 것을 복잡하게 만들고, '고수'는 복잡한 것을 단순하게 만든다. 그래서 환경 설정이라는 것은 결국 복잡한 일상을 조금 더 단순하고, 관리하기 쉽게 만드는 과정이라고 할 수 있다.

이진우의
Turning Point

성공도 일종의 습관이다.
큰 성공도 모두 밑바닥에서부터 시작한다.
자기 방 청소도 제대로 안 하는 사람이 지구 온난화를 걱정하고,
매년 늘어나는 쓰레기를 걱정한다?
패스도 못 하면서 슈팅부터 하려고 한다.
이 세상에서 가장 중요한 본질은 바로 '기본'이다.

할 수 있다!
안 되면 어때!

③
도전하고 또 도전하라
어제와 다른 내일을 향해

1. 내 나이 27살, 내가 꿈꾸는 세상은?

보다시피 아직 나는 어리다. 이제 27살, 서른이 되기까지도 3년이 남았다. 업계에서도 어린 축에 속하지만, 그 누구보다 치열하게 살았다고 자부한다. 치열하게 살아 보니 내가 이해한 세상보다 더 큰 세상이 있었고, 마음만 먹으면 무슨 일이든 할 수 있다는 것을 깨달았다.

우리 아버지 세대의 고등학교 졸업사진을 보면 내 또래? 혹은 그 이상으로 보이는 장정들이 단체로 서 있는 모습을 볼 수 있다. 자칫 잘못 보면 어둠의 조직 같다. 무섭다고 느껴질 정도로 강해 보인다. 그런데 요즘 고등학교 졸업사진을 보면 애기들이다. 아직도 젖살이 있다. 왜 그럴까? 그때와 지금의 사회환경이 그만큼 다르기 때문일 것이다. 우리 아버지들은 직접 농사를 지어 먹고사는 일을 함께하며 학업을 이어 가던 세대였다. 반면 우리 세대는 부모님 품에서 학원과 학교를 오간 세대다. 언제나 생사의 기로에 있던 우리 아버지 세대. 그로 인해 풍요로워진 현재를 누리고 있는 지금의 우리 세대.

오늘날의 20대 청춘들이 정말 온 힘을 다해 달리는 것을 적어도 내 주변에서는 별로 본 적이 없다. 우리 아버지 세대들은 그런 모습을 보며 '라떼는 말이야'를 시전한다.

"우리 때 저런 건 일도 아니었는데, 요즘 애들은······."

꼰대 같다고 생각할 수 있지만 참으로 지당하신 말씀이다.

우리 어머니는 말씀하신다.

"우리 때는 애 둘을 등에 업고 앞으로 안고, 설거지하고 젖병 소독하고, 기저귀도 면으로 써서 매일 삶았어. 근데 뭐가 힘들다고······."

이것도 참으로 지당하신 말씀이다. 지금 세대는 풍요로워진 삶 속에서 제대로 힘을 내지 못하는 세대다. 물론 세상이 이전보다 훨씬 효율적으로 변했기에 제대로 힘을 내지 않아도 살아갈 수 있다. 효율적으로 살아가는 것과 무관하게 우리는 노력하지 않는다. 그냥 힘들고 지친다. 나는 우리 아버지 세대만큼 노력하지는 않았지만, 그래도 나름 죽을 듯이 열심히 살았다. 그래도 죽지는 않았다. 할 수 있다면 할 수 있는 것이다. 없다고 생각하면 없고, 있다고 생각하면 있는 것이다. 마음먹기에 달린 것이고, 내가 어떻게 하느냐에 따라 내 인생은 어제와 오늘이 다를 수 있다. 나는 우리 세대의 사고방식이 좀 더 강인하게 바뀌었으면 한다.

MZ라는 타이틀

MZ. 요즘 흔히 쓰는 말이다. 이런 표현들이 세대 간 갈등을 조장한다고 할 수 있지만, 한편으로는 틀린 말 하나 없다. 우리는 약하다. 나는 MZ 세대가 마음만 먹으면 무엇이든 할 수 있다는 것을 보여 주고 싶다. 보다 힘찬 세대를 만들고 싶은 이 바람은 나뿐만 아니라 동료, 선배, 후배 모두의 공통된 소망일 것이다. 우리 모두가 함께 노력하고 성장해 나가며, 이 세대가 가진 잠재력을 최대한 발휘할 수 있기를 바란다.

여전히 방구석에서 세상과 등지고 자신을 가두고 있는 MZ 세대에게 전하고 싶은 말이 있다. 그들에게 용기와 희망의 메시지를 전하고 싶다.

"할 수 있다고, 자신감을 가지고 도전해라! 너희가 할 만큼 했다고 생각할지 모르겠지만 정말 진심으로 노력한 것인지 스스로에게 물어봐라. 그리고 정신 차리고 주변을 제대로 둘러봐라. 끝으로 너희의 부모님을 생각해 봐라. 너희가 말하는 '노력'이 실제로 얼마나 부족한지를 깨달을 것이다."

이 말은 결코 비난의 의미가 아니다. 오히려 진정한 노력의 가치와 중요성을 깨닫고, 스스로에게 솔직해지며, 더 큰 도전을 향해 나아갈 수 있는 용기를 주고자 하는 것이다. 우리가 모두 진정으로 노력하고, 자신의 한계를 넘어서려고 할 때 비로소 놀라운 성취를 이룰 수 있다.

우리는 이미 많은 가능성과 잠재력을 지니고 있다. 그러나 그 가능성을 실현하기 위해서는 스스로에게 정직하고, 진정한 노력을 기울여야 한다. 우리 모두가 서로를 격려하고, 함께 성장해 나가는 강력한 커뮤니티를 만들어 가야 한다. 그렇게 함으로써 우리는 지금보다도 더 힘찬 세대를 만들어 나갈 수 있을 것이다.

2. 인생의 멘토를 찾기까지: 김승호 회장

사업을 처음 시작하고 여러 가지 일을 겪으면서 참 힘들었던 것은 언제나 찾아오는 위기 상황에서 그 흔한 조언조차 구할 선배가 없다는 것이었다. 사업을 누군가에게 물려받은 것도 아니고, 처음 장사를 시작할 때 혼자서 바닥부터 시작했기에 거래처 사장님 말고는 전문경영인이라고 불리는 이들을 만날 수가 없었다.

그러던 중 어김없이 찾아오는 번아웃을 극복하고자 책을 읽기 시작했고, 그때 읽은 김승호 회장의 『사장학개론』은 내 생각과 철학을 뒤흔들 정도로 큰 영향을 주었다. 지금껏 내가 추구했던 사업의 성장 방식을 모조리 바꾼 것이 바로 김승호 회장이다.

김승호 회장의 지론은 간단했다. 만약 한 달에 1억 원을 판매하는 가게에서 다음 달에 1억 2,000만 원을 팔기 위해 테이블 수를 늘리고, 회전율이 높은 메뉴도 개발하고, 그만큼 객단가를 올려 마케팅을 열심히 하는 것이 최선이라고 하자. 하지만 1억 원을 파는 곳에서 10억 원을 판매하려고 한다? 그것도 한 달에 10억 원을? 그럼 앞에서 설명한 방법처럼 장기적인 성장 목표를 가진 기본 전략 도입만으로는 불가능하다는 점을 강조하며 매장 수를 늘리는 것과 같은 지금까지 시도하지 않은 차원이 다른 생각, 즉 발상의 전환을 해야 한다고 강조한다.

여기서 흥미로운 점은 전자와 후자, 이 두 가지 접근법 간의 난이도는 실질적으로 그렇게 크게 차이 나지 않는다는 것이다. 이 말에 공감하지 않을 수 없었다. 앞의 사례를 내 경우에 대입해서 다시 생각해 봤다.

올해는 누적 매출 200억 원을 기록할 것으로 보이는데, 내년에 250억 원을 달성하거나 심지어 1,000억 원을 달성하는 것이 사실상 비슷한 난이도로 구성되어 있을 것이라는 생각을 하게 되었다. 그리고 이렇게 마음먹은 순간 사업을 대하는 나의 사고방식에 큰 변화가 찾아왔고, 나도 10배 성장을 못 할 것이 뭐가 있느냐란 생각에 목표 달성을 위한 밑그림을 차근차근 그리기 시작했다.

사실 나는 월급쟁이로 일을 하다 내 사업을 시작한 것이 아니고, 고등학교를 졸업하고 대학생이 되어서 스마트폰 케이스 장사부터 지금의 사업체를 운영하기까지 조직 생활, 이른바 직장생활에 대한 경험이 전무했다. 심지어 어디 다른 곳에서 조직원 전체를 책임지는 리더로서 일을 해 본 적은 더더욱 없었다. 그리고 지금의 내 회사를 만들다 보니 아무것도 모르는 초짜가 제멋대로 일을 하고 있었던 것이 눈에 보이기 시작했다.

이런 가운데 김승호 회장의 책에 나오는 '사장으로서의 복무 신조 8가지' 중 가장 중요하게 와 닿는 부분이 있었다. 회사를 성장시킬 때 가장 중요하다고 보는 부분은 바로 '소통'이다. 회사의 효율성을 높이기 위해서는 조직원 간 소통에 있어 애매모호한 표현들은 모두 다 없애야 한다고 설명했다. 이에 회사의 모든 팀이 본인들의 작업 단위를 통일하도록 가이드를 만들었다. 어떤 팀은 cm를 사용하고, 어떤 팀은 m를 사용하면 소통 과정에서 혼동이 생길 수 있으니 말이다. 이런 부분을 통일해 소통의 모호함을 제거하는 것이 나의 1차 목표과제가 되었다.

여기에 나의 리더십 스타일에도 조금씩 변화를 주기 시작했다. 이전에는 명령을 내리고 그 이유를 설명하지 않는 스타일이었다. 그런데 이제 '왜 이렇게 해야 하는지'까지 같이 설명해 주는 스타일로 바뀌게 되었다. 장단점은 분명히 있을 것이다. 하지만 여기서 내가 하고 싶은 말은 무엇일까? 내 생각과 의도를 말이든 글이든 타인이 이해할 수 있게 설명하지 못한다면 그건 실패한 소통이나 다름없다. 망한 것이다. 결국 내 생각은 내가 제일 잘 안다고 할 수 있다. 내 의도와 의사를 타인에게 명확하게 전달한다면 일을 진행하는 프로세스를 더욱 효율적으로 관리하고 집행할 수 있을 것이다.

물론 이렇게 김승호 회장의 철학 중 공감하는 내용을 공유했지만, 이것도 반드시 정답이라고 할 수는 없다. 시대는 그 자리 그대로 있지 않고, 세대는 달라지고, 우리가 지탱하고 서 있는 산업의 환경도 기술 발전과 더불어 더 많이 변할 것이다. 다만 한 가지 확실한 것은 지금과 달라지기 위해서 취할 수 있는 건 취하고, 버려야 할 건 과감히 버려야 한다는 것이다.

3. 죽어도 지키고 싶은 3가지

첫째, 부정적으로 생각할 거라면 우울해지지 마라. 대신 대안을 가져오라. 나는 굉장히 긍정적인 사람이다. 죽고 싶을 만큼 힘들 때도 무엇인지 모르겠지만 살아날 구멍은 있다고 늘 생각했다. 그렇지만 모두가 나와 같을 것이라고 생각하지는 않는다. 최소한 부정적인 사고를 할 거라면 더 나아가서 스스로 우울해지지 않도록 노력하라. 긍정적인 사람은 비행기를 만들고, 부정적인 사람은 낙하산을 만든다고 했던가. 그러나 '부정적인(depression)'은 썩은 사과나 마찬가지다. 부정적일 거라면 반드시 대안을 가져오라.

둘째, 말을 전하지 말라. 요즈음 리더십에 대해서 스스로 고민이 많다. 그러다 보니 다른 사람과 이야기했던 것을 무의식적으로 전달하는 경우가 종종 있다. 말을 전하면 무조건 내 판단이 투영

될 수밖에 없다. 중립을 지켰다고? 한 번 더 생각해 봐라.

'몸으로 말해요'라는 게임이 있다. 예전에 〈1박 2일〉이라는 TV 프로그램에서 본 게임인데, 맨 처음 사람이 지령을 받고 몸으로 묘사해 맨 끝에 있는 사람이 정답을 맞히는 게임이다. 첫 번째 인물이 원숭이라는 지령을 받고, 다음 사람에게 몸으로 전달하지만, 나중에는 고릴라가 되기도 하며 말도 안 되는 캥거루가 되기도 한다. 이는 전형적인 커뮤니케이션의 오류를 보여 준다. 이렇듯 나는 누군가와 단둘이 했던 이야기를 절대 전하지 않는다. 만약 어쩔 수 없이 전해야 한다면 내 가치를 최대한 많이 투영해서 서로가 친해지거나 화해할 수 있도록 만드는 것뿐이다. 그 경우를 제외한다면 절대 전하지 않는다. 말은 한 번 내뱉은 순간 더 이상 내 것이 아니게 된다. 이는 사업을 시작하고 여러 사람을 만나게 되면서는 철칙같이 지키는 습관이 되었다. 말은 함부로 전하는 것이 아니다.

셋째, 배움에 대한 열정을 놓지 마라. 사업을 해 보지 않았던 대학생 시절, 그때 배움에 얼마나 열정적이었던지를 돌이켜 보면 정말 놀라운 시기가 아닐 수 없다. 유튜브부터 시작해 각종 강의와 수업에 참여하며 배움이 있는 곳이라면 거기가 어디든 내가 있었다. 거기서 얻을 수 있는 지식과 정보를 있는 그대로 모두 받아들였고, 배운 것들을 하나하나 실천에 옮겼다. 그 과정에서 내 스타일을 점차 정립해 나갔고, 필요한 것들을 걸러 내 지금의 나만의 것으로 만들어 갔다.

그러나 시간이 지나고 사업을 직접 경험하면서 이제는 머리가 커졌는지 자꾸만 내 생각을 개입하게 되었다. '내가 해 봤는데 직원들이 그렇게 하면 안 될 것 같은데?' '그렇게 하면 돈을 못 벌 것 같은데……' 끊임없이 이런 생각들이 들면서 때로는 배움을 통해 세운 나만의 사업 수칙을 나조차도 제대로 지키지 않는 것처럼 느껴졌다.

만약 내가 조언을 구하는 자리가 아니라 배움을 구하는 자리에 있다면 일단은 상대의 말에 귀를 기울이고 먼저 이해하려고 노력해야 한다. 불평불만을 먼저 내뱉기보다는 상대의 의견을 받아들이고, 그 후에 취사선택하는 태도가 필요하다.

시대가 변했기 때문에 과거에 성공한 회장님들의 이야기가 반드시 정답은 아닐 수 있다. 또한 최근에 성공한 사람의 이야기라고 해도 그것이 정답은 아니다. 그러나 실패에는 분명한 이유가 있다. 그 이유를 스스로 받아들이지 못하고 계속해서 불평불만만 늘어놓는 것은 자신의 오만이라고 생각해야 한다. 과연 당신이 모든 것을 다 알고 있다고 자신할 수 있는가?

이처럼 배움의 자세는 언제나 겸손해야 한다. 지금의 나에게 필요한 것은 다시금 초심으로 돌아가 배움에 대한 열정을 되살리는 것이다. 배움의 과정에서 겪는 시행착오와 실패도 결국은 성장으로 이어진다는 사실을 잊지 말자. 또한 다양한 사람들의 의견과 조언에 귀 기울이며 나만의 방식으로 흡수하고 발전시켜 나가는 유연함을 가지는 것이 중요하다. 이런 자세로 무장한다면 앞으로의 도전에서도 더 큰 성장과 성공을 이룰 수 있을 것이다.

4. 끝이 아닌 또 다른 성공의 시작점을 향해

나는 20대에 사업을 시작한 이후 혹독한 경쟁이 펼쳐지는 현장에서 다양한 경험을 단시간에 쌓아 왔다. '여기까지가 한계인가, 이제는 모든 걸 그만두고 접어야 하나' 하는 위기의 순간이 매번 찾아왔지만, 그때마다 특유의 긍정적인 마음가짐과 잃을 게 없다는 뚝심 하나로 숱한 위기들을 헤쳐 나왔다.

모든 도전은 또 다른 시작점을 향해 나아가는 것이다. 그 과정에서 이 모든 것이 내 생각대로 진행되지 않을 수 있다. 성공을 기대한 일이 실패로 돌아갈 수도 있으니 말이다. 하지만 이 같은 성장에 대한 충동이 바로 내가 도전해 나가는 데 동력이 될 것이다.

누구나 과일을 좋아하지만 그렇다고 해서 우리가 어떤 과일을 어떻게 선택하고 구매해야 하는지 모르는 사람들이 많다. 그래서 우리가 어떤 과일을 좋아하는지, 어떤 종류의 과일이 우리에게 좋은지 분석해 주는 서비스를 제공함과 동시에 더 나아가서 건강보조식품과 미래의 헬스케어 분야까지 진출하는 것이 나의 꿈 중 하나다.

그래서 이런 과일 소비문화에 발맞춰 AI를 활용해 과일에 대한 소비자의 선호도를 분석하고 맞춤형 제품을 개발해서 소비자에게 전달하는 모델을 만들어 가려고 계획 중이다. 그리고 이러한 시도는 온라인 사업의 영업 마진이 적다는 단점을 보완해 줄 수 있는 방식이며 오프라인 사업으로까지 확장하는 기반이 될 것이다.

"기회는 먼지처럼 떠다닌다."

나에게 기회가 찾아왔을 때 그 기회를 반드시 잡아야 한다고 생각하지 않아도 된다. 더 중요한 것은 무리하지 않고, 준비된 자세로 그 기회를 마주하는 것이다. 기회는 마치 먼지처럼 떠다니고, 그 기회를 잡을지 안 잡을지는 우리 자신의 선택에 달려 있다. 그 기회를 반드시 한 번에 잡아야 한다는 부담감에 빠지지 말고, 준비된 자세로 그 기회를 잡으면 충분히 성공할 수 있다.

기회는 언제 어디에나 있다. 그 기회가 내가 먹을 수 있는 맛인지만 확인하면 된다. 달콤하게 익은 맛일 수도 있고, 아직 떫은맛일 수도 있다. 내가 10억 원의 매출을 겨우 올리는 사람인데, 100억 원의 수주가 들어온다면 그것은 사기다. 아직 내가 먹을 수 있는 맛이 아니다. 눈앞의 이익에 사로잡혀 바로 그것을 먹으려고 하면 탈이 난다. 기회는 먼지처럼 떠다닌다. 서두르지 않아도 된다. 지금 바로 이 순간도 기회다.

기회를 잡을 때는 우리가 모두 또 다른 성공의 시작점에 서 있다는 사실을 잊어서는 안 된다. 그 시작점에서 끝날 때까지 도전하는 것이야말로 사업을 이끄는 동력이 된다. 대부분의 사람이 성공을 향해 달려가려면 먼저 또 다른 성공의 시작점에 서야 한다는 사실을 잊는 것 같다.

그래서 내가 그동안 세상을 향해 도전한 수많은 일들과 그 과정에서 얻은 교훈은 '큰 기대를 하지 않고도 성공할 수 있다. 모르던 세상 뒤에 숨겨진 기회를 잡아내는 것이야말로 바로 성장의 핵심'이라는 것이다.

내가 말하려는 것은 결국 어떤 어려움이 나를 찾아왔을 때나, 새로운 도전 앞에 섰을 때 항상 자신을 응원해 주며 앞으로 나아가야 한다는 것이다. 결국 인생에서 가장 중요한 것은 나 자신이 어떻게 변화하는지를 더욱 중요하게 여기는 것이다.

우리의 삶에서 끝은 존재하지 않는다. 그렇다면 왜 우리는 '끝'이라는 것에 집착하는가. 지금이야말로 또 다른 성공을 향한 시작점이라고 생각하면 되지 않을까?

5. 사업에 있어서는 언제나 진심

지난 4~5년간 사업을 하면서 중요하게 여기는 것 중 하나가 '고객과의 신뢰'다. 나에게 사업이란 고객을 분석하고 그들이 원하는 것을 제공하기 위해 최선을 다하는 것이다. 과일에 대한 지식, 경험 그리고 고객을 이해하는 마음이 없다면 이 일은 어려워진다.

물론 무슨 일이든 지식과 경험, 진심이 필요한데, 내 사업의 토대는 고객과 거래처에 대한 신뢰 위에 세워져 있다. 과일마다 당도와 산도, 과일이 어떤 환경에서 자라야 하는지에 대한 객관적인 지식을 기반으로 하며, 무엇보다 맛있는 과일만을 고르는 원칙을 고수하고 있다.

짧지만 집중된 경력 동안 고객이 무엇에 가치를 두는지 가늠해 보려 했다. 그 가치는 과일의 당도와 신선함에 기인하는 것으로, 이 모든 것들이 과일의 맛과 직결된다는 사실을 알아차렸다. 그것이 결국 맛있는 과일이란 거니까.

앞서 거창하게 얘기했지만 굳이 과일에 대한 고도의 전문적인 지식을 다 가질 필요는 없다. 그래도 과일이 어떻게 자라는지, 과일의 맛은 어떻게 결정되는지와 같은 최소한의 정보는 알아두는 것이 좋다.

이 일을 해 오면서 당도가 과일의 생명이라는 것을 깨달았다. 경기가 어려운 요즘, 사람들은 겉모양이 예쁘지 않더라도 당도가 높은 맛있는 과일을 찾는다. 그래서 이른바 '못생긴' B급 과일이라 하더라도 당도가 높으면 등급을 높게 매기는 편이다. 또한 외관이 예쁘더라도 맛이 없다면 등급을 낮춘다.

그리고 원칙을 준수하며 사업을 운영하지만 언제나 예외는 발생할 수 있다는 점을 고려해야 한다. 가끔 고객 요청에 따라 예외적으로 특정 과일을 판매해야 하는 경우가 생긴다. 고객의 다양한 요청을 제대로 만족시키려면 기업 특유의 유연성이 필요하다.

예를 들어 복숭아는 5~6월 재배가 어려운데, 임산부들이 그때 복숭아를 원한다면 이 경우에는 하우스에서 재배한 복숭아를 판매하기도 한다. 하우스에서 재배한 과일의 가격은 정상 가격보다 높게 책정되는데, 이는 기름 값과 고비용의 재배 공법 때문이다.

고객의 니즈를 충족시키는 데 필요한 길을 찾고 그 길을 걸어가는 것, 즉 시작부터 끝까지 고객은 내 사업에 있어서 가장 중요한 존재다. 나는 그들이 원하는 것을 명확하게 파악하려 했고, 이를 고수해 왔다. 그것이 과일의 당도라면 당도를 높이는 방법을 찾아냈다. 그것이 특정 시기의 복숭아였다면 그때 복숭아를 공급할 방법을 발견하는 것이다.

이런 방식으로 우리는 고객의 요구를 가능한 한 만족시키려 노력한다. 돈 1,000만 원을 잃더라도 고객의 신뢰를 얻는 사업을 행하자는 원칙, 그것이 바로 나의 '사업에 있어선 언제나 진심'이라는 신념을 뒷받침하는 핵심이다. 이 원칙을 항상 기억하며 사업을 한다. 그것이 진심을 담아 고객의 신뢰를 얻는 길이다.

나는 사업을 하며 맞닥뜨리는 도전이 아무리 어렵다 해도 그것을 피하지 않는다. 그 어떤 도전이든 그것이 나의 성장과 발전에 이바지할 것이고, 그것이 고객에게 더 나은 서비스를 제공하는 방법으로 이어질 것이라 믿기 때문이다.

6. 1인 셀러, 시작은 미약했으나
그 끝은 창대하리라

불과 10년 전의 나는 게임과 도박에 빠져 눈부신 미래도, 그 어떠한 성공도 보장받지 못한 철부지였다. 원하는 대학도 가지 못했고, 성적에 맞춰 진학한 대학에서도 아무 목표 없이 그저 오늘만 바라보며 하루하루를 살아가는 보잘것없는 인생이었다. 그러다 수현이라는 친구를 만나 우연한 기회로 함께 장사에 대해서 마구잡이로 알아보기 시작했다. 액세서리부터 철판 아이스크림, 과일 트럭 장사까지. 하지만 단순히 계획만 세우고, 실행은 차일피일 미룬 채 한심한 생활은 계속되었다.

"계획만 세워 놓고 결국 아무것도 하지 않는 모자란 놈······."
끝없는 자책만 늘어놓던 어느 날 답답한 내 현실에 순간 현타가 강하게 왔다. 그날로 '그래 죽이 되든 밥이 되든 뭐라도 해 보자'라는 생각에 남대문 시장으로 향했고, 휴대폰 케이스 장사를 시작하게 되었다. 마침내 한 수가 통한 걸까? 서서히 오는 반응을 기회 삼아 다양한 품목을 추가해서 닥치는 대로 온라인 사업을 시작했다. 그중에서도 사업 성장에 가장 크게 기여한 품목이 바로 과일이었다.

그렇게 1인 셀러로 시작한 사업은 1억 원의 빚을 지기도 하고, 몇 톤이 되는 과일을 썩게 만들어 전부 버리기도 하고, 번아웃이란 슬럼프도 겪었지만, 결국 내게 돌아온 것은 100억 원이 넘는 매출이었다. 불과 2~3년 만의 일이었다.

매출이 수직으로 상승하고, 회사의 규모가 커지면 커질수록 숨 가쁘게 달려온 과거에 만족해 안주할 수 없었다. 이제는 달라진 규모와 커져 버린 판에 더 큰 미래를 위한 계획을 게을리할 수 없었다.

이에 최근 들어서는 첫 번째로 B2C 플랫폼에서 인력을 확보하는 계획을 세우고 있다. 온라인을 기반으로 한 B2C 플랫폼은 디지털 기술을 기반으로 하므로 소프트웨어 개발 인력을 확보하고, 시스템 유지 및 관리를 위한 인력 확보를 하는 것이 중요하다. 이에 맞춰 홈페이지도 불편함을 개선하고, 간편하면서도 직접적인 UI에 맞게 개편하고 있으며, B2B 사업과 시너지를 낼 수 있는 전략·전술 역시 함께 구상하고 있다.

다음으로는 기업 문화를 개선하기 위한 여러 방안을 탐색하고, 개선을 위한 혁신전략을 구상 중이다. 그래서 먼저 임직원 모두를 '원 팀'으로 만들어 주는 것이 중요하기에 모든 직원이 같은 목표와 가치를 추구하도록 기업 문화를 개선하고 있다.

마지막으로 노년에 퇴직하는 사람들을 위한 새로운 직업 교육 프로그램을 개발하는 계획을 하고 있다. 분야별 전문 조직을 꾸려 퇴직한 노년층 중 여전히 근로 의사가 있는 인력과 협업을 통해 기업과 근로자에게 긍정적인 효과를 극대화하는 전략을 세우고 있다.

이처럼 나는 걸어온 길은 짧지만 해야 할 일은 산더미처럼 쌓여 있다. 그리고 최종적으로는 사람을 먼저 생각하는 최고의 리더를 꿈꾼다. 시작할 때는 아무것도 없는 1인 셀러였지만 지금은 창대한 미래를 향해 오늘도 달려가고 있다. 친구와의 대화에서 시작한 장사가 이리 큰 꿈과 열정으로 가득 찬 대장정이 될 줄 몰랐지만 말이다.

등산할 때 가장 힘든 순간이 언제일까? 바로 정상에 가까워질 때다. 나 역시 정상에 도달하기 위해 오늘도 한걸음 한걸음 앞을 향해 걸어가고 있다. 지금은 가파른 오르막을 오르는 중이지만 앞으로 다가올 찬란한 미래를 위한 노력과 꿈은 절대 멈추지 않을 것이다.

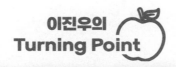

해결책이 없는 문제는 없다.
아무리 어려워 보이는 것들도 막상 해 보면 아무것도 아니다.
고민의 끝에는 결국 고민의 부스러기만 남는다.
너무 많은 경우의 수를 따지지 마라.
막상 해 보면 별거 아니다. 안 되면 어때?
생각 중이라고 말하지 마. 그건 그냥 게으른 거야.

모든 이야기의 끝은
또 다른 시작이다

1. 성공할 준비됐나? 일단 따라 해 보라!

① 하루를 시작하는 체크리스트

생활 습관 체크

☐ 메모하기
☐ 매일 글 한 편씩 쓰기
☐ 운동하기
☐ 책 읽기
☐ 환경 설정하기(루틴 짜기)

시작 전 체크

☐ 시장 조사하기
☐ 목표 설정하기
☐ 사업자 등록하기
☐ 정책 자금 알아보기

시작 후 체크

☐ 공급자와 관계 구축하기
☐ 회계장부 쓰기
☐ 레시피화하기

마인드 체크

☐ 내가 돈을 버는 이유가 확실히 있는가?
☐ 1억 원은 가뿐히 벌 수 있다는 마음가짐을 갖고 있는가?
☐ 구체적인 목표와 실행력이 준비되었는가?
☐ 나 자신에게 몰입할 수 있는 시간이 있는가?

② 일일 계획표: 하루 루틴

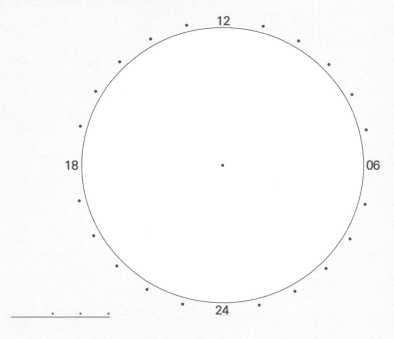

③ 버킷리스트: 적어라, 이룰 것이다

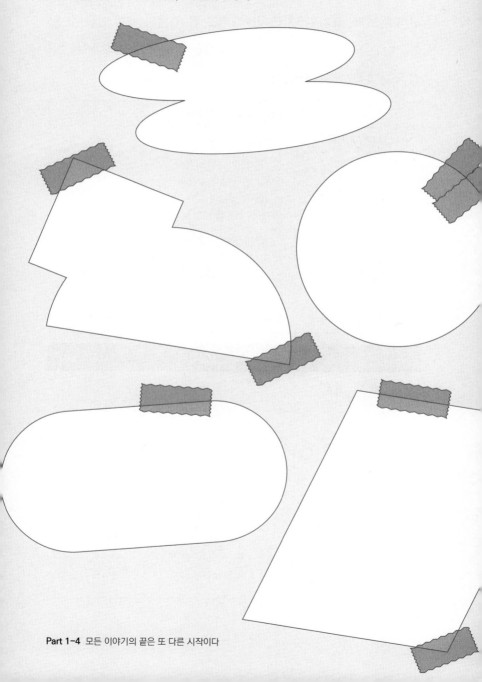

④ 레시피화하기: 머릿속에 떠다니는 무언가를 언어로 명확하게 정리해 보라. 요리할 때 레시피가 있으면 언제든 쉽게 만들 수 있다. 일도 요리처럼 쉽게 레시피화해 보는 습관이 중요하다. 즉, 일의 매뉴얼을 만드는 것과 같다.

(예시) 김치찌개 레시피	
김치찌개 재료	김치, 두부, 고춧가루, 파 등
김치찌개 조리 과정	① 김치를 먹기 좋게 썬다. ② 김치를 기름에 볶는다. ③ 육수를 넣는다. ④ 그 외 재료를 넣고 보글보글 끓인다.
완성 레시피	① 김치를 먹기 좋게 썬다. ② 김치를 기름에 달달 볶는다. ③ 볶은 김치에 육수를 넣고 간을 맞춘다. ④ 그 외 재료를 넣고 보글보글 끓인다.
다음 조리 시 보완할 점	돼지고기 더 넣기. 감칠감과 식감이 2% 아쉽다.

업무용 레시피 양식	
_____ 재료	
_____ 과정	
완성 레시피	
다음 _____ 보완할 점	

⑤ 미래의 나에게 보내는 편지

TO. ___년 뒤 나에게

_____

_____

_____

_____

_____

_____

_____

_____

_____

_____

_____

_____

_____

_____

_____

_____

_____

_____

_____

_____

_____

_____

_____년 ____월 ____일의 내가

2. 어떻게 해야 잘 팔릴까?

　많은 사업가는 어떻게 하면 내 물건을 잘 팔 수 있을까를 끊임 없이 고민한다. 이와 함께 "어떻게 하면 내 물건을 더 많이 알릴 수 있을까?", "어떻게 하면 수익을 더 많이 남길 수 있을까" 등은 대기업에서부터 중소기업, 동네 구멍가게까지 장사를 해 본 사람 이라면 누구나 한 번쯤 가슴속에 품고 있는 질문일 것이다.

　이 질문에 누구 하나 명확하게 답을 내려 준 이가 있는가. 나 역 시 계속해서 그 답을 찾는 중이다. 이제 지난 경험을 바탕으로 내 나름의 노하우가 서린 몇 가지 방법을 공개하려 한다.

가격 경쟁력을 선점하라

　가장 기본적인 원칙, 첫 번째는 바로 '가격 경쟁력'이다. 고객들 이 가장 민감하게 반응하는 것은 역시나 가격이다. 제품이든 서비 스든 가격이 핵심이며 고객을 찾아가는 첫걸음이기 때문이다. 특 히 신선한 제품을 판매하는 경우, 특히 과일의 문제점을 '유통기 한'으로 지목한 이유로 오프라인 판매를 고려하지만 이에 따라 발 생하는 가격 프리미엄을 고객들이 부담해야 한다는 문제에 공급 자 역시 영향을 받게 된다. 그래서 이를 해결하기 위한 전략으로 "거품을 뺀 가격으로 소비자들에게 더 가깝게 다가가는 것"이라는 가장 간단하면서도 효과적인 방법을 제시한다. 가격은 마케팅 4P 전략의 핵심 요소 중 하나로, 소비자에게 제품을 잘 판매하기 위한 가장 기본적인 요소다. 즉, 세심하게 책정된 가격은 소비자와의 접점을 매끄럽게 해 주며, 경쟁 선에서 내 상품을 선명하게 부각시켜 준다. 지금 당장 손해를 보더라도 룰 브레이커로서 하나의 시장을 개척해서 내가 주인이 된다면 그 판은 나를 위주로 움직일 것이다.

매출 증대를 위한 전략 구성을 명확히 하라

경영 전략은 결국 '어디에서 경쟁해야 하는가?'와 '어떻게 경쟁해야 하는가?'에 대한 대답을 찾아가는 과정과 다름없다. 어떤 시장에 진입할지와 어떤 방식으로 경쟁을 펼칠지를 결정하는 것은 제품을 잘 팔기 위한 핵심 요소로, 이를 정확히 파악하는 것이 성공의 열쇠가 될 수 있다. 이에 무리하게 매출을 추구하기보다 회사 운용 규모와 적절한 균형을 유지해야 한다. 그리고 '시장성 테스트'를 거쳐 제품이나 서비스를 시장에 출시하기 전에 "이것이 정말 팔릴까?"라는 질문에 대한 답을 찾는 과정이 필요하다. 이를 통해 시장의 요구를 미리 파악하고, 제품이나 서비스를 더욱 효과적으로 판매할 수 있는 전략을 세울 수 있다.

제품을 브랜딩하라

제품에 대한 브랜딩은 하나의 제품과 서비스가 고객의 마음속에 자리 잡도록 하는 방식이다. 이를 사업에 접목한다면 과일에 대한 인식을 바꾸는 데도 중요한 역할을 할 수 있다. 브랜딩은 소비자에 대한 제품 인지도를 폭발시키는 중요한 요소다. B2C 플랫폼을 활용해 고객들에게 기업의 이미지와 과일에 대한 인식을 재고한 가치를 전달, 판매한다면 고객은 가격 이전에 브랜드를 소비한다는 명목으로 금액이 비싸다 하더라도 더 많은 금액을 지불하려 할 것이다.

이것들은 기초적인 것이지만 각기 다른 시장과 상황에서도 적용할 수 있으며, 적절하게 적용될 경우 사업에 많은 성공과 성장을 가져다줄 수 있다. 결국, 판매는 단순히 상품이나 서비스를 고객에게 전달하는 과정이 아니라 브랜드 가치나 가격, 마케팅 전략, 시장 편향 등 다양한 요소들이 유기적으로 결합한 결과다. 이모든 요소가 제각각 잘 조율되어야만 최종적인 성공, 즉 '잘 팔리는' 사업을 이룰 수 있다.

3. 진짜 열정이 있다면 이렇게 해라

최근 몇 년 사이 심심치 않게 나오는 기사 중 '줄퇴사하는 MZ세대'와 같은 소식을 쉽게 접할 수 있다. 힘겨운 '취업난'을 뚫고 입사한 그들이 평균 2년도 못 채우고 회사를 그만둔다는 내용이었다. 이는 젊은 세대의 '직업'과 '직장'에 대한 달라진 인식과 태도를 보여 주는 것이며, 이에 기업들도 MZ들에 대응하는 방식으로 기업 문화를 재편하고 있다.

이들이 직장을 견디지 못하고, 퇴사하는 이유에는 여러 가지가 있겠지만 이런 뉴스를 볼 때마다 답답함을 느낀 적이 한두 번이 아니다. 앞서 언급했듯이 '기회는 먼지처럼 떠다닌다'. 나를 향한 좋은 기회들은 내가 실행에 옮기지 않았을 뿐 언제나 도처에 도사리고 있다. 그러니 이 같은 현상도 개인적으로는 기회가 부족한 것이 아니라 사람들이 기회를 잡지 않을 뿐이라고 생각한다.

묻지도 따지지도 말고 일단 들이받고 도전해라

"젊음이란 큰 경쟁력 중 하나"라는 뻔한 말이 있다. 나 역시 20대란 나이를 무기로 실패와 성공을 경험해 보면서 "뭐든지 할 수 있다"라는 자신감을 가지게 되었다. "젊음"은 내가 가진 유일한 자산이었고, 막힘없는 도전적인 정신과 끈질긴 노력을 가능하게 했다. 이때 얻은 자신감이 지금의 나를 만들어 주었으며 누구든 나만큼의 성취를 이룰 수 있다고 생각한다.

대기업이든 중소기업이든 중요한 것은 내가 일을 하는 가치를 만드는 것이고, 자신의 비전을 가지고 성장해 나가는 것에 더 큰 의미를 둬야 한다.

나는 올해만 누적 매출 200억 원에 내년에는 1,000억 원 매출을 목표로 오늘도 숨 가쁜 하루를 보내고 있다. 그렇다고 해서 내가 특별하거나 대단한 사람일까? 전혀 아니다. 불과 5년 전 내게 희망이나 미래가 있었겠나? 한 치 앞도 보이지 않는 터널을 언젠가는 빠져나가겠다는 생각 하나로 모든 것을 걸고 도전한 것이다.

'하면 된다.' 이 말은 단순히 의지력만 드러내는 것이 아니다. 내가 이 자리에 올 수 있게 해 준 '자신감'에서 비롯된 말이고, 결과의 몫은 다 자신의 손에 달려 있다.

용의 꼬리가 될 바엔 닭의 머리가 되어라

대한민국은 중소기업이 전체 기업체 수의 99%, 종사자 수는 80.9%에 달한다. 기업의 구인난은 언제나 해결되지 않는 골칫거리이며, 일할 사람을 찾기 힘들다는 볼멘소리는 끊이지 않는다.

물론 기업도 기업 나름이다. 막대한 채무의 부실기업부터 노동력 착취에 낮은 급여와 기댈 곳 없는 복지 수준 등 개선해야 할 기업들도 수두룩하다. 중소기업의 특성상 대기업에 비해 여러 가지 복지와 급여 조건 등의 여건이 뒤떨어지는 것은 자명하나 그래도 그중에는 기본에 충실한 기업도 있으며, 하루가 다르게 성장하며 비전을 제시하는 기업도 있다.

많은 젊은 사람들은 대기업과 중소기업의 벌어지는 연봉 격차에 실망하고 좌절한다. 현실적으로 더 벌어지는 격차를 인정하지 않을 수는 없지만, 그렇다고 해서 마냥 멍하니 바라보고만 있을 수는 없지 않은가.

먼저 경험을 해야 기회가 생길 것이고, 기회는 곧 선택의 폭을 더 넓혀 준다. 되레 개인의 역량 개발과 다양한 경험을 쌓는 것에 중점을 두고, 내가 업무를 주도하며 새로운 아이디어나 제안이 가능한 곳에서 내 커리어를 키운다고 생각한다면 도전의 의의는 더 커질 것이다. 물론 선택은 본인의 몫이다. 다만 주저하거나 망설여지는 부분이 있다면 과감히 부딪히고 돌파해 볼 것을 권한다.

4. 쉿, 나만 알고 있는 성공비법

주도권을 놓치지 마라

아무리 작은 기업이라 할지라도 매일 수많은 어젠다(agenda)에 둘러싸여 결정을 내리는 일이 숱하게 발생한다. 이때 의사결정에 있어서 주도권을 잡는 것이 중요하며, 이를 통해 조직 전체를 이끌어 가는 리더의 역할을 잘 수행할 수 있다. 특히 기업의 규모가 5~10명으로 좀 작을 때는 무조건 독단적으로 결정을 해야 한다. 물론 민주적인 의사결정 과정도 중요하지만 빠르게 성장하기 위해서는 신속한 판단과 효율적인 의사결정 시스템이 무엇보다 중요하다. 이는 자칫 잘못하면 독재처럼 보일 수도 있겠지만 그래서 대표가 성패의 책임을 지는 것이다. 소수 인원일 때는 한 사람의 결정권자가 최종 책임을 지고 일을 성사하는 것이 필요하다. 그리고 규모가 커지는 것에 따라 의사결정 시스템을 갖추면 된다.

우위를 취하면서도 타협점을 찾는 협상의 기술을 익혀라

사업을 운영하면서 매일 상대해야 하는 직원 또는 관계자는 한둘이 아니다. 그리고 그들과 늘 첨예한 사안을 놓고 각자의 의견을 줄다리기하며 협의하고 조율한다. 매번 이뤄지는 조율 과정을 겪다 보니 나만의 협상 기술을 터득하게 되었다.

먼저 상대방이 원하는 것을 잘 파악하고, 그에 따라 적절히 대응하는 것이다. 결국 모든 논의는 답이 정해져 있다. 내가 취해야 할 실이 있다면 나 역시 상대가 원하는 것을 들어줄 수 있어야 한다. 그게 가능하다면 유리한 위치에서 거래를 이끌어 갈 수 있다.

자신의 외모나 행색도 적절하게 활용하자. 결국 사람과 사람이 만나서 하는 것이 협상이다. 그렇기에 상대방의 인상에 따라 분위기와 대화의 방향이 좌우될 수 있다. 특히 내 경우에는 거래처 사장님들보다 나이가 적다. 그러다 보니 상황이 여의치 않으면 불쌍한 척도 하고, 평소 타고 다니는 자동차, 착용하는 옷 등 외적인 요소에도 주의를 기울이는 편이다. 결국은 상대에게 허용 가능한 빈틈을 보여 주고, 상대 입장을 충분히 고려하는 제스처를 취한다면 빈손으로 돌아가는 일은 없을 것이다.

가장 기본에 충실하라

사업을 시작한 지 얼마 되지 않은 1~2년 차에는 '어떻게 하면 내 상품을 더 많이 노출시켜서 많은 사람들한테 빨리 팔 수 있을까?'가 주된 관심사였다. 이것이 창업 초기의 생각이었다면 지금은 직원들도 많아지고 내가 모든 일에 관여하지 않으니까 '어떻게 하면 이 군대를 잘 이끌 수 있을까'가 관심사가 되었다.

무슨 일을 시작하든 그 일이 장기화되고, 굳어지고 익숙해지면 새로운 것을 시도하고 무언가를 바꾸기가 쉽지 않다. 그럴 때 스스로 되새기는 말이 있다.

'기본으로 돌아가라.'

모든 일의 기초와 근본으로 돌아가서 내 상황을 점검하는 것이다. 그리고 고전에서 내려오는 전술인 『손자병법』, 사마천의 『사기』, 『사장학개론』과 같은 철학서와 기본서를 통해 내가 놓친 정답을 발견할 수 있다. 선조들의 지혜와 현대에도 적용할 수 있는 전술이 녹아 있는 고전을 활용하면 내게 필요한 전략·전술을 새롭게 구축하고 적용할 수 있다.

상품에 대한 무한한 애정과 자신감이 우리의 자산이다

상품은 그냥 단순한 물건이 아니라 내 브랜드를 드러내고, 그에 참여한 모든 인력과 노력을 그대로 보여 주는 것이라고 생각한다. 따라서 내 상품에 대한 애정과 자신감이 내가 가질 수 있는 최고의 자산이라고 생각한다. 내가 '월억도전' 멤버들에게 강의할 때도 항상 상세페이지 마지막에 '자신감'을 꼭 넣는다. 스스로가 내가 파는 것에 대해 긴가민가하고 좋은 상품성에 대한 확신이 서지 않으면 누가 믿고 이 제품을 사 주겠는가. 물건이 안 좋아도 무조건 좋은 것처럼, 말 그대로 미친 자신감이 없다면 그 상품의 생명력은 죽은 것이나 마찬가지다. 내 상품에 대한 끊임없는 관심과 애정은 자연스럽게 자신감으로 이어지고, 그 에너지는 고스란히 고객에게 전달된다. 상품을 출시했다고 거기서 끝내지 마라. 내가 낳은 자식이라 생각하고 더 많이 채워 주고 더 많이 사랑해라. 내가 사랑하지 않으면 그 누구도 사랑해 주지 않는다.

지금까지의 성공에 대한 나만의 비법이 모두에게 적용되지 않을 수 있다. 다만 흔해 빠진, 한마디로 고기를 먹어 보지 않은 사람들이 살짝 맛본 고기 맛에 취해 진실인 것처럼 떠들어 대는 실체 없는 이야기는 누구라도 알아볼 수 있다고 생각한다.

그런데 이미 마이너스 1억 원부터 저 밑바닥의 지옥을 뚫고 올라온 경험에서 비롯된 이야기는 실체가 있고 증거가 있다. 앞으로도 살아 있는 증거로 남아 성공을 꿈꾸는 이들에게 계속해서 증명해 보이겠다.

5. 성과

2024년 1/4분기 성과 보고

2024년 1월부터 3월까지 3개월간의 매출액이 어느새 50억 원을 넘어섰다. 이대로만 간다면 올해는 대략 180억 원 정도에서 마무리될 것으로 보인다. 그렇지만 나의 목표는 2024년도 1,000억 원 매출이다. CEO의 생각의 크기가 회사의 크기를 결정한다고 생각한다. 1,000억 원이 아주 어려운 것일까?

월에 1,000만 원씩 파는 식당에서 2,000만 원을 팔려면 어떻게 해야 할까? 앞에서 김승호 회장이 말했듯이 답은 단순하다. 테이블 수를 늘리고, 회전율을 높이고, 객단가를 올리면 된다. 그러면 월에 1,000만 원 파는 식당이 1억 원을 팔려면 어떻게 해야 할까? 단순히 이 방식으로는 힘들다는 것을 직관적으로 알 수 있다. 매장을 늘리든지 밀키트를 만들어 온라인으로 판매하든지 등의 발상을 전환해야 한다.

> 테이블 수 늘리고, 회전율 높이고, 객단가 올리기

VS

> 매장 수 늘리기

10배의 매출 차이를 만드는 것이 정녕 10배만큼 더 어렵다고 말할 수 있겠는가? 절대 그렇지 않다. 그러니 1,000억 원이라고 목표를 말했을 때 코웃음 치는 사람이 있다? 과감히 무시하고 내 갈 길을 묵묵히 걸어가자. 지금 내가 할 수 있는 것을 하면 된다. 그거면 된다.

Part 2

▶ 월억도전이란?

위탁판매 셀러들을 위한 커뮤니티 기반의 B2B 몰로 초보 셀러와 지역 농가, 중소기업과의 상생과 공존을 목표로 운영 중이다. 이에 지역 농가와 중소기업, 도매시장의 소상공인으로부터 상품을 최저 마진으로 직접 공급해 온라인 셀러가 신선하고 저렴한 상품을 판매할 수 있도록 돕고 있다. 특히, 최근에는 초보 셀러들을 위한 판매 노하우를 공유하며 '내 상품을 잘 판매하는 방법'부터 '부자가 되는 기본 마인드 셋'까지 교육 사업에도 중점을 두고 있다.

200억 과일 제국의 비밀
'월억도전'
노하우 대방출

온라인 마케팅 기초
마인드 셋 변화로 여는 성공의 문
사업 운영의 마스터 플랜
변화하는 시장에서의 성장 기회

①
온라인 마케팅 기초
바이럴부터 상위 노출까지

1. 바이럴 마케팅이 뭔데?
그거 효과는 있는 거야?

'바이럴 마케팅(viral marketing)'이라는 용어는 많은 사람들이 들어 봤을 것이라 생각한다. '바이럴'은 'Virus(바이러스)'와 'Oral(구두의)'의 합성어로, 정보가 입에서 입으로 바이러스처럼 빠르게 퍼져 나가는 현상을 의미한다. 온라인 시대가 도래하면서 바이럴 마케팅은 선택의 여지가 없는 "필수" 요소로 자리 잡았다. 아직 시도해 보지 않았다면 이제라도 한 번쯤은 꼭 도전해 보기를 권한다.

바이럴 마케팅은 식품과 유아용품을 주력으로 하는 '맘이베베'부터 뽐뿌, FM 코리아 등 다양한 온라인 커뮤니티에서 활발히 이루어지고 있다. 이처럼 폭넓은 커뮤니티의 지면을 활용한 마케팅은 상위 노출 방식에 비해 단기간 내 유입률을 극대화하는 데 매우 효과적이다. 물론 어떠한 마케팅 방법도 100%의 성공률을 보장할 수는 없다.

예를 들어, '맘이베베'의 경우 광고 대행 수수료는 대략 5만 원에서 8만 원 사이다. 광고를 처음 진행하는 경우, '8만 원을 지출했는데 본전도 못 찾으면 어떡하지?'라는 걱정으로 시작도 못 하는 경우가 많다. 이러한 상황은 온라인 판매를 시작하기에 너무나도 어려운 조건을 만든다. 과연 첫 광고부터 ROAS(Return On Advertising Spend: 광고비 대비 수익률) 1,000%를 넘는 성과를 내는 업체가 있을까? 거의 불가능에 가깝다. 자본주의 사회에서는 포기해야 할 것들이 있음을 인정하고, 그에 따른 기회비용을 감수하면서 더 큰 아웃풋을 추구해야 한다.

이 과정을 지속적으로 반복하면 결국 더 큰 자본을 축적할 수 있다. 복잡하게 들릴 수 있으나 결국 내가 한 시간을 투자해 100만 원을 벌 수 있다면, 그만큼 빠르고 유리하게 자본을 축적하는 것이 가능해진다. 이론만으로는 한계가 있기에 직접 경험하고 부딪혀 보는 것이 중요하다. 경험이 쌓이면 어떻게 해야 더 효율적으로 마케팅을 진행할 수 있는지 감이 올 것이다. 결국 모든 노력은 더 많은 수익을 창출하기 위함이다. 즉, 당신이 만든 상품이나 서비스가 필요한 사람들을 타깃으로 설정해 그들의 관심을 끌고 공유하고 싶어지는 콘텐츠를 만드는 것이 핵심이다. 끝없는 분석과 도전은 매출 증대를 일으킬 것이고, 이는 순수익 향상과 월 1억원의 목표를 향해 나아가는 데 큰 도움이 될 것이다.

2. 상위 노출, 나도 할 수 있는 건가요?

스토리텔링으로 시작해 리뷰로 승부하라(네이버, 쿠팡)

온라인에서 판매를 조금이라도 해 본 사람이라면 '상위 노출'의 중요성에 대해 너무나도 잘 알고 있으리라 생각된다. 사실 온라인 판매의 핵심은 결국 노출과 유입, 그리고 전환에 있다. 어려운 말로 거창하게 늘어놓았지만, 쉽게 말하자면 내 상품이 최대한 많은 사람들에게 보이고, 홈페이지로 들어온 사람 중에서 최대한 많은 사람들이 내 물건을 사는 것이다. 그런 관점에서 볼 때 '상위 노출'이라는 것은 하나의 노출/유입 전략이다. 반대로 '상세페이지'와 '리뷰'는 전환 전략이라고 볼 수 있다. 수많은 노출/유입 전략 중에서 어떻게 보면 가장 쉬운 것이 '상위 노출' 전략이다. 네이버와 쿠팡이 지금 가장 핫한 마켓이므로 이 두 가지에 대해 중점적으로 다루어 보겠다.

네이버를 먼저 알아보자. 유튜브나 인터넷상에서는 다들 쉬쉬하며 꺼리는 분위기지만, 솔직하게 말해서 지금 트래픽 작업을 하지 않으면 다들 바보라고 할 것이다. 다만, 전략 없이 무지성으로 트래픽 작업을 해서 상위 노출을 한다면 절대 효율을 뽑을 수 없다. 상세페이지와 리뷰가 엉망이고 가격도 시장성과 맞지 않는데, 아무리 메인 키워드에서 1등으로 노출된다고 한들 무슨 소용일까. 절대 잘나갈 수가 없다. 물론 노출/유입의 절대치 자체가 매우 높아지기 때문에 많은 모수 중에서 전환이라는 것이 분명히 일어나긴 한다. 그렇다 하더라도 전환율 0.X%대라는 처참한 결과가 기다리고 있을 것이다. 이런 식으로 하는 것은 좋은 결과를 가져올 수 없다. 그렇다면 네이버는 어떤 전략으로 가야 할까?

네이버는 '검색 엔진 기반' 플랫폼이다. 카페와 블로그, 지식인 등 사람들과 서로 소통할 수 있는 창구가 있으니 '감성적인' 측면이 다소 강하다. 이러한 플랫폼의 특성을 이해하고 생각해 봐야 한다. 그럼, 대체 어떻게 할 것인가. 일단 상세페이지를 정보성으로 딱딱하게 만들기보다는 스토리텔링을 통해 감성을 자극해서 전환율을 끌어올려야 한다. 내 상품에 스토리가 없다고? 그러면 반대로 질문하겠다. 당신의 상품에는 스토리가 있을까? 이 자리를 빌려 솔직하게 말하겠다. 그런 거 없다. 다 사기다. 내가 팔고 있는 모든 상품이 마찬가지다. 미사리에 있는 두부 가게가 3대째 내려온다는데, 사실인지 거짓인지는 아무도 모른다. 내가 팔고 있는 홍어는 최소한 3대째 내려온 것은 아니다. 하지만 신뢰도를 위해 3대째 운용하고 있다고 스토리텔링을 해서 판매하기 시작했다면, 그건 바로 스토리텔링의 힘을 잘 활용한 예라고 볼 수 있다. 스토리는 여기서부터 시작이고, 전부 짜인 각본이다. 스토리를 짜는 능력과 소비자로 하여금 '왜 사야 하는지' 생각하고 자극하는 포인트를 주는 것이야말로 진정한 '실력'이다. 각본을 아주 철저하게 잘 짜야만 소비자들도 수긍한다. 조금이라도 어긋나는 부분이 있다면 소비자는 분명 괴리감을 느낄 것이다. 간혹 드라마나 예능을 보면 말도 안 되는 타이밍에 PPL이 나오곤 한다. 이때 눈살을 찌푸리며 채널을 돌린 경험, 다들 있을 것이다. 작가의 실력이 바로 여기서 나온다.

이처럼 스토리텔링은 단순히 제품을 소개하는 것을 넘어서 구매자의 감성에 호소해 구매 욕구를 자극하는 중요한 전략이 될 수 있다. 네이버에서의 성공적인 상위 노출과 전환율 향상을 위해서는 제품 자체뿐만 아니라 이와 연결된 감성적인 스토리를 잘 구성하는 것이 필수적이다.

다음으로 쿠팡을 살펴보자. 쿠팡은 로켓배송과 같은 뛰어난 배송 서비스로 유명하지만, 상위 노출에 있어서는 네이버와는 다른 전략이 필요하다. 쿠팡은 사용자의 검색 행동과 구매 이력을 바탕으로 추천 알고리즘을 운영한다. 따라서 쿠팡에서의 상위 노출을 위해서는 키워드 최적화뿐만 아니라 고객 리뷰 관리와 같은 요소도 매우 중요하다. 만족한 고객의 긍정적인 리뷰는 다른 고객의 구매 결정에 큰 영향을 미칠 수 있으며, 이는 전환율을 높이는 데 결정적인 역할을 한다. 또한 정기적인 프로모션과 할인 이벤트를 통해 상품의 가시성을 높이고, 구매를 유도하는 전략도 쿠팡에서는 효과적이다.

이처럼 온라인 판매에서 성공을 거두기 위해서는 단순히 제품을 판매하는 것을 넘어서 시장의 특성과 플랫폼에 따른 전략을 깊이 이해하고 적용하는 것이 중요하다. 또한 제품의 품질과 가격 경쟁력을 유지하는 것은 기본이며, 여기에 더해 감성적인 스토리텔링과 고객과의 소통을 통해 신뢰를 구축하는 것이 성공의 열쇠가 될 것이다.

3. 더 잘 팔려면 ○○○○이 남달라야 한다

내 물건을 조금이라도 더 잘 팔고자 노력해 본 적 있는가? 상세 페이지를 만들어 놓고 '이 정도면 충분히 판매될 것이다!'라고 생각해 본 경험, 많은 이들이 공감할 것이다. 그러나 기대와 달리 판매량이 생각보다 저조했던 순간도 있었을 것이다.

이번에는 모든 사업의 '본질'에 대해 이야기하고자 한다. 잠시, 이 부분이 지루하다고 생각해 중간에 포기하지 않기를 바란다. '본질'을 이해하는 것은 성장을 위해 반드시 필요한 과정이다. '이렇게도 생각할 수 있겠구나'하며 좋은 인사이트로 간직하면 언젠가 도움이 될지도 모른다. 이 글을 끝까지 읽고 나면 당신의 생각과 접근 방식이 분명 변화할 것이라 확신한다.

내 경험을 예로 들어 보겠다. 추석을 맞이해 직원들에게 선물할 한우를 구입하고자 마장동 축산물 시장을 방문했다. 명절 선물로 한우만큼 좋은 것이 없기에 사람들로 붐볐다. 그런데 사람으로 넘쳐 나는 가게가 있는 반면, 사람 한 명 찾아보기 힘든 곳도 있었다. 나는 특히 한 가게에 주목했다.

우리가 흔히 보는 고깃집들은 대부분 비슷한 외관을 하고 있다. 붉은 조명 아래의 쇼케이스와 별다를 것 없는 인테리어가 특징이다. 그러나 이 가게는 다른 곳과는 달랐다. 앞에서 구경하는 사람들부터 이것저것 물어보는 사람들까지 북적이는 모습을 보며, '이 가게는 분명 다른 점이 있다'라고 느꼈다. 바로 '인테리어'였다. '간판' 또한 다른 곳과는 다른 느낌을 주었다. 마치 베이커리나 백화점 푸드코트를 연상시키는 외관이 내 시선을 사로잡았다.

온라인상에서 이를 무엇이라고 부를까? 온라인에서의 성공은 '썸네일'의 힘으로 설명할 수 있다. 인기 있는 고깃집의 썸네일은 압도적이다. 하지만 그 가게의 한우가 특별히 다른 가게의 상품보다 우월한 것은 아니다. 달리 말하자면 우리가 파는 레드향이 옆집이라고 해서 크게 다른 레드향일까? 아니다. 결국 차이를 만드는 것은 상품을 어떻게 멋지게 포장하느냐의 능력이다. 이 능력이 바로 '실력'이라 할 수 있다.

☞ *1개라도 팔고 싶다면, 저와 함께해 보시길 바랍니다!*
☞ *일 처리 빠른 B2B 위탁 도매 사이트입니다.*

이는 한 인터넷 사이트에서 동시간대에 올라온 두 글의 제목이다. 어떤 글이 더 눈길을 끄는가? 글의 제목을 썸네일에 비춰 보면 상단의 글에 더 많은 관심을 가지게 될 것이다. 마장동에 만약 1만 명의 사람이 온다면 이들 중 몇 명이 내 가게를 방문할지는 바로 이 썸네일에서 결정된다. 이것을 '도달률'이라고 부른다. 1만 명의 손님이 있다고 치자. 이들 중 내 가게에 100명이 올지, 5,000명이 올지는 아무도 모른다.

쉬운 길은 없다. 1억 원을 '우연히' 버는 것이 쉬운 일일까? 이 세상은 절대 호락호락하지 않다. 힘든 것이 정상이다. 여기서 중요한 것은 온라인 강사들이 제시하는 방법론에 현혹되지 않는 것이다. 진실은 종종 불편한 법이다. 장기적인 목표를 위해 단기적인 즐거움을 포기하는 것이 중요하다. 10년도 아니다. 1~2년 안에 결과를 보자는 것이다.

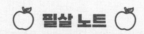

🍎 필살 노트 🍎

시간 관리를 어떻게 해야 할까?

- 내 상품에만 있는 것이 뭘까? 소비자로 하여금 '이건 구매해야 해!'라는 생각이 들게 하는 특별한 요소 말이다.
- 밋밋한 상품은 소비자의 이목을 끌지 못한다. 상품에 '나'만의 이야기를 입혀라!

▶ 예시
- 누가 자꾸 우리 집 포도를 몰래 훔쳐 가요. (feat. 범인은 남편, 너무 맛있어서 그랬다고……)
- 3대째 이어 내려온 과일 장사!
  2대에서 끊고 싶었는데 때려치우기에는 우리 집 과일이 너무 맛있다!
- 3살짜리 딸아이가 우리 집 귤은 '꿀'이래요. 꿀처럼 너무 달아서.

▶ 직접 작성해 보세요

–

–

–

딸기 과즙이 1%만 들어 있어도 딸기 우유다! 소비자를 사로잡는 한 줄 마케팅

• ○○○○의 딸기 우유의 경우 딸기 과즙이 고작 1% 들어 있다. 그래도 '딸기 우유'라는 이름으로 판매한다. 우리의 마케팅도 그래야 한다. 고작 1% 들어 있더라도 당당히 내세우자. 내 상품에 적용할 수 있는 마케팅을 생각해 보자.

▶ 예시

– 밤마다 클래식 TOP 100 들려주며 기른 못난이 수박. 겉은 못났을지언정 속은 알차다!

– 주인장이 직접 만든 최고급 수제 비료 사용! 우리는 비료부터 프리미엄이다!

– 주인장이 매일 시험 삼아 맛보다가 일주일에 5kg 찐 화제의 그 포도! 나만 찔 수 없다!

▶ 직접 작성해 보세요

–

–

–

–

4. 이 세상에 얼마나 많은 마켓들이 있을까?

'월억 도전'은 이제 직원 수만 해도 10명에 이르렀다. 단독으로 활동하는 1인 셀러와 비교해 볼 때 우리 팀의 인원 구성은 상당히 많은 편이다. 그러나 우리 팀이 갖지 못한 1인 셀러만이 가진 훨씬 우월한 장점이 존재한다. 그것은 바로 ○○○이라는 강력한 도구다. 이 도구를 효과적으로 활용한다면 1인 셀러 또한 대기업을 상대로 충분히 경쟁력을 발휘할 수 있으며, 심지어 이길 수도 있다. 대기업이 보이는 틈새를 정확히 파악해 그 빈틈을 노려 카운터펀치를 날리는 전략을 세워야 한다.

대표로서, 또한 팀의 일원으로서 생각하는 힘을 키우는 것이 중요하다. 이는 결국 대표의 실력을 한층 더 향상하는 길이다. 충분한 고민과 성찰의 시간을 거친 후 다음에 진행할 단계에 대해 고민해 보라. 서두르기보다는 차근차근 다음 계단으로 넘어가는 것이 중요하다. 이러한 접근 방식은 우리가 직면한 문제를 보다 명확히 이해하고, 그에 대한 해결책을 찾는 데 도움이 될 것이다. 그럼 앞서 언급한 강력한 도구란 무엇일까?

정답은 바로 '기동력'이다. 직원이 10명 있다면 1개의 상품이 올라가기까지의 의사결정 과정이 상당히 길게 작용한다. 즉, 대기업이 무언가의 상품을 소싱하고 준비하는 데 꽤 긴 시간이 걸린다는 뜻이다. 하지만 1인 셀러는 어떤가? "난 내가 하고 싶으면 해!" 바로 이것이 가능하다. 내 의사결정에 따라 바로 움직일 수 있다.

예전에 '카테고리를 정해서 특정 품목만 파는 전문 스토어로 운영하는 것이 좋은가, 아니면 이것저것 다 파는 종합 몰처럼 운영하는 것이 좋은가?'라는 질문을 받은 적이 있다. 나는 '종합 몰'의 형태를 추천했다. 아직 초보이기 때문이다. 처음이라 각 카테고리별 상품이 어떤 식으로 후킹(hooking: 고객의 마음을 사로잡는 것)되고 팔리는지에 대한 이해도가 낮다. 그렇기 때문에 이런저런 것을 판매해 보면서 경험치부터 늘리는 것을 목표로 해야 한다.

한 카테고리를 전문적으로 파고드는 것을 요즘 말로 '버티컬 마케팅(vertical marketing)'이라고 한다. 자전거를 예로 든다면 '삼천리자전거'를 찾을 수 있다. 버티컬 스토어의 경우 소비자로 하여금 신뢰도를 더 줄 수 있다는 장점이 있다. 하지만 초보자일 경우 이 버티컬로 승부를 보기가 상당히 어렵다. 따라서 초보자에게는 종합 몰의 형태로 운용을 하면서 개별 상품에 대한 소구점(USP: Unique Selling Point)과 마케팅 방법 익히기를 추천한다. 그렇게 해서 자본금을 늘려 '법인'을 세우고, 이후 '브랜딩'을 하는 전략으로 가도 절대 늦지 않다.

버티컬 커머스는 사업의 무게감이 상당히 무거워질 우려가 있다. 겉핥기식으로 하면 차라리 종합 몰만 못한 결과가 나올 수 있기 때문이다. 종합 몰 형태를 취할 때 주의해야 할 점이 있다. '닥등'보다는 시장조사를 충분히 하고 진행해야 한다는 것이다. 닥등은 '닥치고 등록'의 준말로 '대량 등록' 또는 '무지성 등록'을 의미한다. 닥등은 물건을 보는 눈보다는 무지성 등록의 형태가 강하기 때문에 판매자의 실력 증진에는 별로 도움이 되지 않는다. 물론 등록 이후 판매가 되어 조사를 해 보는 방식도 나쁘지는 않아 보인다. 이것은 선택의 영역이므로 개인의 선택에 맡긴다.

우리는 우리가 가진 '기동력'을 활용해서 이곳저곳을 헤집고 다녀야 한다. 사업은 전쟁이다. 전쟁에서 약소국이 강대국을 이기는 방법은 무엇일까? 바로 '게릴라 전투'다. 기동성을 이용해 동에 번쩍 서에 번쩍 하면 승리할 수 있다. 강자가 많이 자리하고 있는 쿠팡과 네이버 말고 다른 플랫폼을 생각해 보라. 얼마나 많은가.

'사방넷'을 들어 봤는가? 거기서 지원하는 쇼핑몰만 해도 거의 300개 가까이 된다. 이렇듯 엄청나게 많은 플랫폼이 있다. 우리는 기동성을 이용해서 쿠팡, 네이버뿐만 아닌 다른 곳에서도 게릴라 전투를 벌여야 한다. 개인적으로 추천하는 플랫폼은 다음과 같다.

① AK몰
수수료는 비싸지만 잘 팔린다. 간혹 '이게 왜?' 싶은 것이 팔리는 경우도 있다. 광고나 다른 것들은 안 해도 된다. 추가로 AK몰은 수수료가 25% 가까이 되는 대신 12~13% 정도를 할인해서 고객에게 제공한다. 이럴 거면 왜 수수료를 비싸게 하는 것인지 도통 모르겠지만 아무튼 그렇다. 하루에 10개 판매 정도를 목표로 해 볼 만한 곳이다.

② 롯데홈쇼핑

롯데온과는 별개의 플랫폼이다. 롯데홈쇼핑이 롯데온보다 훨씬 나은 편이다. 하루에 2~3개 정도를 목표로 운용하면 어렵지 않게 해 볼 수 있다.

③ 11번가

11번가는 SK 계열사로, SK 관련 유저들에게 행사를 상당히 많이 한다. 따라서 자연 트래픽이 어느 정도는 있는 편이다. 명절에는 300~400만 원가량의 매출도 우습게 날 정도다. 대신 평소에는 매출이 약소한 편이다. 광고 효율이 생각보다 좋은 편이라 가볍게 해 보기 좋다. 1인 셀러에게 제격인 플랫폼이다.

④ ESM(지마켓, 옥션)

SSG가 인수하면서 이 일대의 1등은 쿠팡, 2등은 네이버, 3등은 신세계가 되었다. 신세계가 3등인 이유는 바로 ESM 덕분이다. 아직도 고연령대 이용자는 ESM 플랫폼을 많이 이용한다. CPC(Cost Per Click) 효율은 개인적으로 상당히 좋지 않은 편인데, 11번가보다는 매출이 더 잘 나올 가능성이 많은 플랫폼이다.

⑤ 올웨이즈

올웨이즈는 생긴 지 1년 정도 된 신생 공동구매 플랫폼이다. 단점으로는 무조건 저렴해야 한다는 점이 있다. 그러나 '쿠폰'이나

'행사 지침'을 잘 활용하면 노출의 기회를 무한히 제공하기 때문에 나쁘지 않은 플랫폼 중 하나다. 수수료가 3.85%로 매우 저렴하다.

⑥ 제이슨그룹

제이슨그룹은 기안84와 전현무가 광고하는 '공구마켓' 서비스를 운영하는 모회사다. 공구마켓, 심쿵할인, 할인중독 등 앱 다운로드 100만 회 이상의 플랫폼도 다수 보유하고 있는 곳이다. 신선식품의 경우 경쟁이 거의 없다고 봐도 무방하다. 그런데도 왜 안 하는 걸까? (이렇게 말하고 있는 나도 안 한다. 비즈니스의 무게감이 무거워서 7~8개 발주로는 성에 안 차기 때문이다.) 하지만 상품을 최소 7~8개 정도는 띄울 수 있는 플랫폼임은 확실하다.

⑦ 멸치쇼핑

요즘 멸치쇼핑이 괜찮다는 이야기를 많이 듣는다. 멸치쇼핑은 플랫폼 내에서 판매를 일으키는 방식은 아니고, 플랫폼에 올리면 자동으로 쿠팡, 11번가, EMS 등에 연동되어 '멸치쇼핑'이라는 이름으로 올라간다. 그곳에서 판매가 되면 멸치쇼핑으로 발주가 들어오는 형태인데, 생각보다 쏠쏠한 것 같다. AK몰도 비슷하게 운영 중이다. 멸치쇼핑도 자체 행사를 많이 진행해 개인이 쿠팡에서 파는 가격보다 멸치쇼핑이 쿠팡에 올려놓은 가격이 더 싼 경우도 발생한다. 사실 멸치든 쿠팡이든 팔리면 그만이다.

⑧ 삼아인터내셔날/파미웰(폐쇄몰)

삼아인터내셔날/파미웰은 하루에 1개를 목표로 하는 폐쇄몰 플랫폼이다. 폐쇄몰은 특정 인원에게만 가격 정보를 공유하고 다른 곳보다 값싸게 제공하는 마켓 플랫폼의 한 형태다. 리소스 대비 아웃풋이 나오지 않을 수도 있지만, MD와 협의 후 메인 노출만 가능하면 나쁘지 않은 플랫폼이다. 이 외에도 LG나 삼성 등 대기업 복지몰이나 교직원몰 등에 들어가면 정말 대박이다. 그런 루트도 한 번 생각해 보면 좋을 것 같다.

이 외에도 플랫폼이 정말 무궁무진하다. 물론 투입 리소스 대비 효율이 낮은 것들은 걸러 내야겠지만, 어차피 우리는 1인 셀러다. 우리의 장점인 기동력을 바탕으로 치고 빠지고, 치고 빠지기를 잘하면 된다. 그렇게 해서 몸집을 키우고 실력을 키워야 한다.

5. 급변하는 네이버 로직, 어떻게 대응하면 좋을까?

최근 변화하고 있는 네이버의 검색 알고리즘에 관해 이야기해 보려 한다. 과거에는 단순히 '트래픽', 즉 방문자 수만으로도 순위가 결정되곤 했다. 이는 불과 몇 달 전의 이야기로, 단순하게 트래픽을 늘리는 것만으로도 상위에 랭크될 수 있는 시절이 있었다.

이러한 방식은 공정하지 못함에도 불구하고 네이버가 로직을 수정하기 어려웠던 부분이다. 하지만 최근에는 이러한 상황이 달라졌다. 특히 초보 셀러에게는 이 변화가 새로운 기회가 될 수 있다.

고비용의 광고 전략은 자본이 풍부한 사람들에게 유리할 수 있지만, 소규모나 예산이 제한된 셀러들에게는 부담이 될 수 있다. 현재는 '트래픽'의 유입 점수가 예전처럼 중요한 요소가 아니다. 이는 트래픽이 무의미하다는 것이 아니라 유입 대비 전환율이 더 중요한 지표가 되었다는 것을 의미한다. 즉, 무분별한 트래픽 증가보다는 적절한 유입과 높은 구매 전환율이 상위 노출의 핵심이 되었다.

실제로 외부 유입을 통한 구매 전환이 중요한 결과를 가져오는 것으로 나타났다. 여기에는 맘카페나 다양한 커뮤니티를 통한 바이럴 마케팅이 포함될 수 있다. 따라서 상품을 초기에 올린 후 적절한 트래픽과 구매 점수, 그리고 외부 유입을 통한 실제 구매 전환 등이 조화를 이루면 초기 단계에서 1페이지 선점이 충분히 가능하다. 물론 네이버에서 1페이지에 노출된다고 해서 바로 매출이 급증하는 것은 아니지만, 최소한 6위 안에 들어가야 유의미한 성과를 기대할 수 있다.

그렇다면 우리가 할 수 있는 것은 무엇일까? 1페이지 하단까지는 어느 정도 도달했다고 가정해 보겠다. 그다음 단계는 무엇일까? 정답은 없지만 이러한 문제에 대해 함께 고민하고 논의하는 것이 중요하다. 효율이 떨어졌던 CPC 비용은 디지털 기기 사용자가 유료 온라인 광고를 클릭할 때마다 광고주가 지불해야 하는 금액을 의미하는 용어다. 이 방법이 오히려 해답이 될 수도 있다. 모든 플랫폼은 자신만의 로직을 지속적으로 수정하고 변화시킨다. 이러한 시장에서 살아남기 위해서는 빠른 대응력이 필수다. 변화하는 로직에 신속하게 적응하고 대응하는 사람만이 승리할 수 있다는 사실을 잊지 말아야 한다.

과거에는 플랫폼의 로직이나 정책에 휘둘리고 싶지 않았다. 자사몰만이 답이라고 생각했지만, 자사몰 역시 '인스타그램'이나 '카카오'와 같은 외부 플랫폼을 이용해야만 한다. 이는 자사몰도 결국 외부 플랫폼의 로직에 영향을 받을 수밖에 없다는 것을 의미한다. 결국 온라인 시장에서의 생존은 급변하는 상황에 얼마나 빠르게 적응하느냐에 달려 있다. 기존의 방식이 잘 작동했다 하더라도 그 방법에만 집착해서는 안 된다. 우리는 계속해서 변화하고 적응해야 한다. 변화하는 시장 상황에 능동적으로 대응하며 게릴라 전략으로 승부를 걸어야 한다.

6. 사람들은 원래 읽지 않는다

내가 20억 원 정도 매출이 나올 때 이런 마인드였다면, 아마 진작 100억 원이 넘는 매출을 내는 사업가가 되었을 것이다. 본론으로 들어가기에 앞서, 이 글을 읽다 보면 다소 나와 비슷하다는 생각에 기분이 나쁠 수 있다. 메일로 악플을 보내도 겸허히 받아들이겠다. 다만, 나보다 돈을 많이 버는 사람들에 한해서 말이다. (결코 자랑이 아니다. 가끔씩 숲을 보지 않고 나무만 보는 사람들이 많아서 하는 말이다.)

본격적으로 할 이야기는 바로 '소비자의 행동 패턴'이다. 소비자는 물건을 구매할 때 어떻게 할까? 먼저 검색을 기반으로 물건을 구매한다고 가정해 보자.

① 키워드를 검색한다.
② 썸네일과 가격을 보고 그중 괜찮은 것을 선택한다.
③ 상세페이지를 훑어본다.
④ 리뷰를 보며 다른 업체의 물건들과 가격 및 여러 요인을 비교·분석한다.
⑤ ①~④의 행동 패턴을 재실행한다.
⑥ 구매를 결정한다.

대부분 이런 행동 패턴으로 구매한다. 그러면 여기서 우리가 주목해야 할 부분은 '③ 상세페이지를 훑어본다'라는 내용이다. 내가 소상공인, 자영업자의 커뮤니티인 네이버 카페 '아프니까 사장이다'에서 어떤 글을 하나 봤다. 글의 제목은 이러했다.

"정말 글을 못 읽는 건지? 안 읽는 건지?"

제목을 보자마자 너무 궁금했다. 후킹을 참 잘하는 사람이라는 생각이 들었다. 글 내용을 정리해 보았다.

> 워낙 문맹(?)들에게 이리저리 시달려서 상품 광고 지면을 제품 설명보다 잔소리로 채우고 있습니다. 그래도 최소한 맨 위에 박스 안 강조해 둔 내용 정도는 봐야 정상 아닌가요?
>
> **판매 중인 ELM327 제품군은 BT2.0 모듈로 아이폰 사용 불가!!!**
> **24볼트 상용차 사용 절대 불가!!!**
>
> 상담 가능 시간이 오후 4시~밤 12시까지라고 몇 번이고 강조해도 물건 받자마자 받을 때까지 전화해서 성질내는 사람들은 뭔가요? 한 글도 못 읽고, 한국말도 못 알아들으면 어쩌란 말입니까.
> 내가 장사하는 사람이지 국어 선생님은 아닌데 말이죠. 상담 가능 시간만 잘 지켜도 찰떡 같이 대답 잘 해드립니다.

당신은 어떻게 생각하는가? 이 글쓴이는 소비자들의 행동패턴에 대해 지적했다. 순서대로 나열해 보겠다.

① 상세페이지를 꼭 읽어야 하는데, 소비자들이 읽지 않는다.
② 따라서 최상단에 큼직하게 공고까지 올렸다.
③ 그래도 안 읽는다.
④ 에고…… 소비자들은 참 바보다.
⑤ 상담 가능 시간도 고시해 두었는데 왜 듣지 않는가.

잘 생각해 보자. 이것은 누구의 잘잘못을 따지고자 하는 문제가 아니다. 이러한 상황에서 문제가 되는 것은 우리의 '마인드'다.

아마 대한민국의 99%는 앞의 게시글 내용에 공감할 것이다. 사실 나도 그랬다. 하지만 이것은 순전히 100%, 아니 10,000% 판매자의 잘못이다. 물론 우리가 상세페이지에 고시를 했기 때문에 법적인 잘잘못을 따지자면 당연히 소비자의 잘못이 맞다. 하지만 지금은 법적인 부분을 따지는 시간이 아니니 이 부분은 넘어가겠다. 소비자들은, 아니 전 세계 모든 사람들은 글을 잘 읽지 않는다. 읽는 습관이 들여져 있지 않을뿐더러 재미없는 문구에 관심 갖고 싶어 하지 않는다. 상세페이지를 처음부터 끝까지 숙지하고 구매를 하는 사람들이 과연 몇 명이나 될까?

나도 사업을 막 시작한 초창기에는 그랬다. '아니, 분명히 상세페이지에 상담 시간이 오후 6시까지라고 적어 놨는데 왜 전화를 안 받았다고 진상이지?' 혹은 '아니, 분명히 사이즈 고시를 정확하게 해 놨는데 왜 안 보고 난리지? 괜히 자기 맘에 안 드니까 꼬투리 잡네' 등.

만약 이 생각을 가지고 사업을 지속한다면 월 1,000만 원까지는 어찌어찌 가겠지만, 그 이상은 절대 못 간다. 장담한다. 내 기준에서 정말 눈에 잘 띄게, 너무 잘 보이게 고시해 놓았다고 생각할 수 있지만 소비자 눈에는 그게 안 보일 수 있다. 이 생각을 머릿속에 새겨 놓고 다시 개선해야 한다.

반대로 이런 예시를 들어 보겠다. 한 자영업자가 당겨서 여는 문에 '당기세요'라고 적어 두었다. 문을 밀면 문틀이 내려앉아서 곤란하기 때문이었다. 그런데도 사람들은 어떤 이유에서인지 문을 자꾸 밀어서 열었고, 결국 문틀이 와르르 내려앉았다.

또 다른 예시를 들어 보겠다. 이번에는 엠제이 드마코(MJ DeMarco)의 『부의 추월차선』의 내용 중 시카고의 한 IC에서 있었던 일이다. 그곳의 커브 길은 유난히 과속하는 차량이 많았고, 그 때문에 사고가 잦았다. 시카고 의회에서는 과속 카메라를 설치하며 단속했지만 사고 발생률에는 큰 차이가 없었다. 그러던 어느 날, 의회에서 문득 획기적인 아이디어를 냈다. 이 아이디어 덕분에 사고율이 드라마틱하게 낮아졌다고 한다. 바로 차선의 점선 간격을 매우 좁게 맞춘 것이다. 점선 간격이 좁아지면서 운전자가 조금만 속도를 내도 차의 속도가 빠르게 느껴지는 착시효과를 일으켰다고 한다.

어떤가? 아직도 문을 당기지 않는다고 소비자만 나무랄 것인가? IC에서 지속되는 사고가 결국 운전자의 탓이니 어쩔 수 없다고 방치할 생각인가?

다음 페이지에는 위 글의 댓글 일부를 가져왔다. 이러한 내용이 대부분이다. 어떤가? 그냥 넋 놓고 앉아서 책임은 사회, 구조, 소비자에게만 있다고 할 것인가? 자본주의에서 승리하는 것은 결국 이렇게 시야를 달리해 차이를 발생시키는 '행동력'과 '마인드'에 달려 있다. 만약 이 내용을 제대로 이해하고 적용한다면 매출 50 억 원? 결코 꿈만은 아닐 것이다.

> **A:** 하루아침에 개선될 수 없는 사회 교육의 구조적인 문제라……
> **B:** 답답한 사람들 많습니다. 저는 그냥 환불해줘요. 싸우는 것도 힘듭니다.
>
> **게시글 작성자**
> 최상단에 박스로 강조한 뒤로는 그래도 좀 나아졌어요. 오늘도 잘못 구매 하신지 모르고 한참을 통화했네요. 답답한 마음에 적어 본 글입니다.

7. 네이버는 가구매로 리뷰를 모으지 않는다

최근 네이버 리뷰 시스템에 대한 불만과 그로 인한 블라인드 처리 문제가 빈번하게 발생하고 있다. 이에 대한 내 의견을 말하려고 한다. 요즘 네이버 리뷰 작업이 어렵다. 작업을 해도 대부분 블라인드 처리되는 상황이다. 10개 중 7~8개가 블라인드 처리되는 경우가 많다. 이에 따라 발생하는 불편함과 문제에 대한 책임을 지는 이가 없다는 현실이 안타깝다. 그러나 네이버 리뷰를 방치해서는 안 된다. 오늘 말하고자 하는 부분은 바로 '행동경제학 원리'에 있다. 고객이 원하는 옵션을 선택하게 만들 수 있다고 믿는가?

A. 소과	B. 중과	C. 대과

이런 옵션이 있다고 하자. B가 마진이 좋아서 B를 많이 사길 바랐는데 A로 몰린 경험이 있다면 이렇게 생각할 것이다.

'뭐야? 왜 다들 A만 사는 거야? 가격이 싸서 그런가 보다.'

또 이런 경우도 있다.

'아니, A옵션은 소과인데 왜 작다고 난리지? 고객들은 눈이 없나? 내가 소과라고 몇 번을 말해야 하나?'

사실 예상했겠지만 앞의 경우는 100% 내 경험담이다. 고객들은 인센티브(유인책)가 없으면 행동하지 않는다. A 옵션은 소과이므로 당연히 가격이 저렴하다. 그렇다면 가격이 저렴하다는 유인책이 작용해 A 옵션에 주문이 몰리게 된다.

A. 핫바 1개	B. 핫바 3개
2,000원	4,000원

또 다른 예시를 들어 보겠다. 편의점의 2+1 행사는 어떤가? 1개만 사도 될 것을 굳이 3개를 구입했을 때 고객으로 하여금 객단가를 생각하게 만든다. '핫바를 1개 사면 2,000원인데, 3개 사면 4,000원이니까 개당 1,333원꼴이네. 3개 사는 게 무조건 개이득.' 이것이 행동경제학의 유인책이 작용한 결과물이다.

이것이야말로 진정 비합리적인 소비임에도 불구하고 소비자들은 대부분 그 유인책에 반응한다. 그렇다면 실제로 소비자의 행동

방식에 내가 원하는 프레임을 씌우는 것이 가능하다는 결론에 다다르게 된다. 실제 사례를 알아보자.

A. 오렌지 중과 8과	B. 오렌지 중과 8과+2과 (서비스! 사진 후기 약속!)
2,000원	4,000원

이건 바보가 아니라면 보통 B를 구매한다. 이와 같은 방식은 배달의민족 리뷰 이벤트와 상당히 흡사한 방식이다. 공급사가 먼저 대가를 지불하는 것이다. 실제로 이와 같은 방식을 적용하면 100% 사진 리뷰가 달리지는 않지만 적어도 한 줄의 리뷰라도 달린다. 실제 100명이 구매하면 70% 이상은 리뷰를 작성하고 그중 50% 이상은 포토 리뷰를 작성한다. 이렇게 하라고 말하면 실행할 생각이 없는 대부분의 사람들은 "그럼 30%는 리뷰 작성을 안 하잖아?"라고 묻는다. 하지만 잘 생각해 보라. 30%가 작성을 하지 않더라도 가구매로 리뷰를 모으는 것보다 훨씬 저렴하다. 물론 내 상품 자체에 유입이 적다면 아무 의미가 없다. 따라서 마케팅적인 방식을 적절하게 섞어서 유의미한 유입을 만들어 내야 한다. 그렇게 한다면 이와 같은 행동경제학의 원리를 활용한 마케팅 전략이 어려운 시장 환경에서 상당히 유리하게 작용할 것이다.

8. 제발 쓰레드 무조건 하라

비교적 최근에 등장한 소셜 네트워크 서비스 중 하나인 '쓰레드 (threads)'가 있다. 2023년 7월 8일에 첫 출시된 이 서비스는 출시 된 지 단 5일 만에 가입자 수 1억 명을 돌파하는 대기록을 세웠다.

쓰레드는 트위터의 대항마로 등장했으며, 마크 주커버그(Mark Zuckerberg)는 이를 통해 일론 머스크(Elon Musk)에 반격을 가하는 데 성공을 거두었다. 이처럼 대세의 흐름에 우리 모두가 신속하게 동참해야 한다는 의견이 지배적이다.

이 인기에 힘입어 쓰레드와 결합한 다양한 용어들이 등장하고 있다. 예를 들어, '쓰팔'은 쓰레드 팔로우를 의미하며, '쓰팔로미' 는 쓰레드 팔로우를 부탁하는 표현이다. 또한, '스님'은 쓰레드의 친구를, '스팸'은 쓰레드 계정 차단을, '쓰레빠'는 쓰레드에 빠져드 는 현상을, '쓰토커'는 좋아요만 누르는 사람을, '쓰며들다'는 쓰레 드에 스며드는 것을, 그리고 '쓰플루언서'는 쓰레드에서 활동하는 인플루언서를 각각 의미한다.

새로운 플랫폼이 엄청난 인기를 끌면서 사람들이 빠르게 움직 이는 모습이 곳곳에서 관찰된다. 다만, 이러한 행태가 다소 자극 적으로 보일 수 있으며, 출시된 지 그리 오래되지 않은 플랫폼이 라 제재가 미비한 상태다. 그럼에도 불구하고 우리의 경쟁자들은 이미 '쓰팔 열차', '쓰팔 로켓', '쓰팔 미사일' 등의 자극적인 표현과 이미지를 통해 많은 사람들을 끌어모으는 데 성공했다.

일주일 만에 4,000명의 팔로워를 모은 사례는 이러한 현상을 잘 보여 준다. 이는 상당히 빠른 속도로 팔로워를 모을 수 있다는 사실을 시사한다. 그러므로 자신의 사업 모델을 최적화하기 위해 이번 기회에 팔로워를 빠르게 늘려 보는 것이 좋다. 최적화된 계정을 만드는 방법은 간단하다.

첫째, 무작정 '쓰팔 로켓'이나 '쓰팔 열차'에 동참한다. 둘째, 3,000명 이상의 팔로워를 모은 후 자신의 사업에 적합한 콘텐츠를 지속해서 발행한다. 마지막으로 최적화된 계정을 완성한다.

예를 들어, 지역별 맛집 소개 계정들이 페이스북이나 인스타그램에서 얼마나 인기 있는지를 보면 이해가 될 것이다. 이러한 계정들도 바로 앞에서 언급한 방법으로 만들어졌으며, 심지어 하루에 한 번의 피드 게시로 광고비로 25만 원을 받는다고 한다. 이는 전라도 광주의 한 마케팅 업체 대표에게서 들은 실제 사례다.

그 대표가 운영하는 맛집 소개 계정은 인스타그램에서 팔로워가 29만 명에 육박하지만, 쓰레드에서는 고작 2,000명에 불과하다. 이것이 바로 지금이 쓰레드에서 승부를 걸어야 하는 최적의 시기임을 보여 준다. 현재 쓰레드는 기회의 땅이므로 속도전으로 뛰어들어야 할 때다. 지금 당장 행동으로 옮기는 사람이 승자다.

9. 남들보다 싸게 팔 생각은 하지 않는 것이 좋다

처음으로 위탁을 맡기는 초보 셀러들에게 하고 싶은 말이 있다. "만약 본인이 이 시장에서 최저가를 형성할 수 있는 위치에 있지 않다면, 남들보다 저렴하게 판매하려는 계획은 세우지 않는 것이 현명하다"라고 조언하고 싶다. 특히 식품 시장은 충동구매가 많은 영역에 속한다. 쿠팡 광고에서 언급되는 비검색 영역이 바로 그러하다. 실제로 소비자들이 목적을 가지고 구매하는 경우는 전체의 20%에 불과하며, 나머지 80%는 충동구매로 이루어진다고 한다. 이처럼 충동구매가 이루어지는 비검색 영역을 성공적으로 공략하지 못한다면 장기적으로 사업을 이어 가는 데 어려움을 겪을 것이라는 생각이 든다.

비검색 영역에서의 ROAS(Return On Advertising Spend: 광고비 대비 수익률)를 결정짓는 핵심은 무엇일까? 나는 이를 매력적인 사진과 상세한 상품 설명 페이지라고 생각한다. 어느 날, 한 대표님이 나에게 상품 진단을 요청했다. 진단 대상은 '무화과'였다. 리뷰나 썸네일은 인상적이었으나 상세페이지의 설득력이 다소 부족했다. 변비에 좋다는 내용이 포함되어 있었지만, 이는 다소 평범한 접근일 수 있다. 하지만 이를 소비자의 시각에서 바라보면 어떨까? 상세페이지를 통해 "무화과가 변비에 좋다니, 꼭 먹어 봐야겠다!"라고 생각하는 소비자가 얼마나 될까? 반면에, 자기 전 배가 고픈 상태에서 맛있어 보이는 무화과 사진에 이끌려 구매를 결정하는 경우도 적지 않다. 무화과와 같은 상품은 우리 삶에 필수적인 소비재가 아니기에 충동적인 구매를 유도하는 것이 더욱 중요하다. 우리는 이를 마케팅 용어로 '관여도'라고 부른다. 그렇다면 관여도가 높은 상품은 어떤 것일까?

결혼식 준비를 예로 들어 보겠다. 네이버에서 '결혼식장'을 검색해 상위에 노출된 곳을 바로 선택하며 "좋아, 결제 진행하자!"라고 말하는 경우는 거의 없을 것이다. 위치, 시간 조율, 비용, 뷔페 메뉴 등 여러 요소를 꼼꼼히 따져 볼 것이다. 이런 소비재를 우리는 '관여도가 높다'라고 표현한다. 관여도가 높은 상품의 판매에는 고도의 설득 전략이 필요하다. 그렇다면 '무화과'는 어떨까? 관여도가 낮다. 그러나 관여도가 낮다고 해서 사진과 가격만으로 상품을 호소력 있게 만드는 것이 판매 마케터로서 올바른 생각은 아니다. 똑같은 무화과라도 소비자에게 다르게 인식되게 하는 마케팅의 마법이 필요하다. 상품명을 '해풍을 맞아 짭짤하면서도 달콤한 무화과'라고 표현하는 순간부터 소비자들은 "아, 무화과에 단맛과 짠맛이 공존하는구나!"라고 인식하게 된다. 이를 '프레이밍'이라고 하는데, '가스라이팅'이라는 용어를 사용하는 사람들도 있다. 내가 프레임에 관한 행동경제학 예시를 들 때 항상 사용하는 사례가 바로 이것이다. 실제로 MIT 대학교 학생들을 대상으로 한 신문 구독에 관한 연구 결과도 있다. 첫 번째 실험에서는 다음과 같은 옵션을 줬다.

A. 오프라인 구독	B. 온라인 구독	C. 오프라인 구독 + 온라인 구독
9,900원	19,900원	19,900원

이때, 세계에서 가장 똑똑하다고 평가받는 집단인 MIT 대학교 학생 중 84%가 C 옵션을 선택했으며, 나머지 16%는 A를 선택했다. B 옵션을 선택한 사람은 없었다.

두 번째 실험에서는 다음과 같은 선택지가 제시되었다.

A. 오프라인 구독	B. 온라인 구독
9,900원	19,900원

이 경우, MIT의 학생 중 60%가 A 옵션을 선택했고, 40%는 B 옵션을 선택했다. 이는 첫 번째 실험에 비해 단 하나의 옵션만 추가함으로써 매출 객단가를 만 원이나 높일 수 있었다는 점에서 중요한 의미가 있다. 여기서 우리가 발견할 수 있는 것은 인간이 주어진 선택지에 대해 상당히 비합리적으로 반응한다는 사실이다. 예를 들어, "우리 무화과는 달고 짜다"라고 말하는 순간 다른 무화과와 차별화되어 우리 무화과는 '단짠 무화과'로 인식되기 시작한다. 이처럼 우리는 인간의 비합리성을 활용해 원하는 방향으로 반응하도록 유도할 수 있다.

만약 내가 옵션 C를 판매하고 싶다면 그것을 매력적으로 보이게 하는 옵션 B를 추가하기만 하면 된다. 무화과에 차별점을 두고 싶다면 앞서 언급한 '단짠' 같은 소구점을 넣으면 된다. 이렇게 하면 같은 품질의 물건을 납품받는 1등과 2등이라 할지라도 굳이 같은 가격에 팔 필요가 없다. 농산물 시장이 흥미로운 이유는 바로 여기에 있다. 농산물은 마케팅적 사고를 기르기에 아주 좋은 카테고리다.

이제 농산물이 아닌 기성품, 즉 똑같은 코카콜라를 판매하는 상황을 가정해 보자. 내 콜라가 네 콜라보다 더 톡 쏘는 맛이 있다고 주장할 수 있을까? 이 질문에 대한 답은 바로 마케팅 전략에 있다. 소비자들에게 내 콜라의 독특한 맛과 특성을 어떻게 전달하느냐가 중요하다. 제품의 차별화를 위해 그 특성을 강조하고, 소비자들이 그 차이를 경험할 수 있도록 하는 방법을 모색해야 한다.

이러한 접근 방식은 소비자들이 제품을 선택할 때 느끼는 감정적 연결고리를 강화할 수 있다. 마케팅에서 감성적 요소는 매우 중요하다. 소비자가 제품을 구매하는 이유는 단순히 필요 때문만이 아니라 그 제품이 주는 특별한 느낌이나 경험 때문일 수 있다. 따라서 제품을 판매하는 것만이 아니라 소비자에게 특별한 경험을 제공하는 것을 목표로 해야 한다.

결론적으로 농산물이든 기성품이든 제품의 마케팅 전략은 소비자의 감성을 자극하고, 제품에 대한 독특한 인식을 구축하는 데 중점을 두어야 한다. 이를 통해 소비자들이 제품을 선택할 때 단순히 가격이나 기능적인 측면만이 아니라 제품이 주는 독특한 가치와 경험을 고려하게 만들어야 한다.

망설이지 않고
지금 당장
행동으로 옮기는 사람이
최후의 승자가 된다.

❷ 마인드 셋 변화로 여는 성공의 문
비즈니스와 멘탈 관리

1. 일주일 만에 하루 발주 60만 원까지

상품을 판매하기 위해서는 무엇보다 먼저 해야 할 일이 있다. 바로 상품 등록이다. 상품을 시장에 내놓지 않고서는 어떤 거래도 시작될 수 없다. 이 과정은 실행력의 중요성을 상징한다. '로또도 사야 당첨된다', '아무것도 하지 않으면 아무 일도 일어나지 않는다'라는 말처럼 모든 일의 시작은 행동에서 비롯된다. 따라서 우리가 가장 먼저 할 일은 상품 등록이다.

상품 등록을 성공적으로 마치기 위해서는 몇 가지 고려해야 할 사항이 있다. 첫째, 상품에 대한 정확하고 상세한 설명을 제공해야 한다. 이는 소비자가 제품을 이해하고, 관심을 가질 수 있도록 하는 첫걸음이다. 둘째, 상품 사진은 고품질이어야 하며, 제품의 특성을 잘 드러내야 한다. 소비자는 실제로 상품을 보거나 만져볼 수 없으므로 사진을 통해 제품의 질감, 색상, 크기 등을 파악할 수 있어야 한다.

이제 중요한 부분인 상품 등록 SEO(Search Engine Optimization: 검색 엔진 최적화)에 대해 언급해 보자. 상품 등록 SEO는 소비자가 온라인에서 제품을 쉽게 찾을 수 있도록 돕는 핵심 요소다. 키워드 선택에서부터 제목과 설명에 이르기까지, 모든 것이 검색 엔진에 잘 노출될 수 있도록 최적화되어야 한다. 키워드는 소비자가 제품을 검색할 때 사용할 가능성이 높은 단어나 구문을 말한다. 따라서 제품과 관련된 키워드를 신중하게 선택하고, 이를 제목과 설명에 효과적으로 포함해야 한다.

또한 제품 카테고리 선택도 중요하다. 제품이 적절한 카테고리에 속해 있지 않으면 소비자가 찾기 어려울 수 있다. 따라서 제품의 특성과 시장의 수요를 고려해 가장 적합한 카테고리를 선택해야 한다.

마지막으로 상품 등록 후에는 지속적인 관리와 최적화가 필요하다. 시장의 변화, 소비자의 피드백, 경쟁 상황 등을 모니터링하고, 이에 따라 제품 정보를 업데이트하거나 SEO 전략을 조정해야 한다. 이 과정을 통해 제품의 가시성을 높이고, 판매량을 증가시킬 수 있다.

상품 등록은 단순히 제품을 온라인에 올리는 것 이상의 의미를 갖는다. 이는 시장에 진입하는 첫걸음이자 성공적인 온라인 판매를 위한 기반을 마련하는 과정이다. 따라서 상품 등록과 SEO 최적화에 대한 이해와 노력은 온라인 판매 성공의 열쇠라 할 수 있다.

2. 카지노는 어떻게 떼돈을 벌어들일까?

카지노 블랙잭

딜러에게 카드를 한 장씩 받아 21에 가까운 수를 만드는 사람이 이기며, 21을 초과하면 지는 게임이다. 기본 룰은 간단하지만 딜러와 하는 카드 게임 중에서는 실력에 따른 승률 편차가 상당히 크다.

각 룰을 플레이어에게 가장 최선의 전략만 선택해 플레이했을 때 이론상의 승률은 세부 룰에 따라 다르지만 44~49.5%이며, 평균적으로 49% 내외다.

(출처: 나무위키)

카지노에서의 배팅과 관련된 통계를 면밀히 분석해 본 결과 '블랙잭' 게임이 특별히 주목할 만하다. 블랙잭에 대한 나무위키의 기사를 참고해 보면 이 게임에 배팅하는 사람들의 평균 승률이 대략 49% 정도라는 것을 알 수 있다. 이는 분명 흥미로운 사실이다. 카지노는 이처럼 미미한 승률 차이, 겨우 1%가 더 높다는 이유로 매일 상당한 이익을 얻는다. 이 사실을 비즈니스의 시각에서 바라본다면 내 결정이 51%의 승률을 가질 때 그 결과는 어떨까?

◆ 100번의 시도 중에는 51번 성공해 49번 실패한다.
　이는 격차가 2에 불과하다.
◆ 1,000번의 시도에서는 510번이 성공하고 490번이 실패한다.
　여기에서 격차는 20이다.

◆ 1만 번의 시도에서는 5,100번이 성공해 4,900번 실패한다. 이때의 격차는 200이다.

◆ 10만 번의 시도에서는 5만 1,000번 성공 대 4만 9,000번 실패로, 격차는 2,000에 달한다.

이러한 시도를 무한히 반복한다면 그 결과는 어떻게 될까? 만약 51%를 넘어서는 승률을 가질 수 있다면 어떠한 변화가 있을까?

성공적인 비즈니스를 이끌어 가기 위해서는 개인의 선택이 매우 중요한 역할을 한다. 당신은 외부 요인을 절대적으로 예측할 수 없다. 그렇기에 매 순간 최상의 선택을 해야만 한다. 단기적인 이익을 추구하기보다는 장기적인 관점에서 전략을 세워야 한다.

카지노를 예로 들었지만 51%의 승률은 실제로 극단적인 경우에 속한다. 이는 많은 시도가 필요하다는 것을 의미한다. 이제 한 단계 더 나아가 어떤 대표가 60%의 성공 확률을 가졌다고 가정해 보자. 이 경우, 그 대표는 어떠한 비즈니스에서도 성공할 능력을 갖추었다고 볼 수 있다. 성공과 실패의 격차는 카지노에서의 그것보다 훨씬 더 크게 벌어질 것이다. 대표가 선택할수록 회사는 더욱 발전하고 성장할 것이다.

결론적으로 오늘 당신이 집중해야 할 핵심은 '대표는 매 순간 최선의 선택을 해야 하며, 최소한 51%의 승률을 가진 선택지에 과감하게 배팅해야 한다'라는 중요한 포인트에 있다. 이러한 선택지를 올바르게 판단할 수 있는 능력, 즉 51%의 승률을 가진 결정을 내릴 수 있는 능력은 곧 '실력'이라고 할 수 있다. 그렇기 때문에 내가 실력을 키우는 것의 중요성을 강조한 것이다. 그렇다면 이러한 실력은 과연 어떻게 개발할 수 있을까?

첫 번째 방법으로 책 읽기를 권한다. 이 방법 역시 실력을 쌓는 데 최고의 방법 중 하나다. 특히 자기계발 서적을 읽는 것을 추천한다. 읽으면서 중복되는 내용을 발견할 수도 있고, 예상 외로 재미를 느낄 수도 있을 것이다. 바로 이 책이 그러한 예일 수 있다. 다소 부끄러운 제안일 수 있으나 이 방법은 분명 훌륭한 방안이 될 것이다. 이 책을 세심하게 읽어보고, 시간이 지나서 1년 후에 다시 본다면 처음과는 완전히 다른 느낌을 받게 될 것이며, 왜 이러한 글을 작성했는지에 대한 이해도 차츰 깊어질 것이다.

두 번째 방법은 일기 쓰기, 더 넓게 보면 글쓰기를 실천하는 것이다. 이미 알고 있는 내용조차 글로 옮기려고 할 때 예상치 못하게 조직화하지 않은 채로 적히는 경우가 많다. 글쓰기를 통해 복잡하게 얽혀 있던 지식이 뇌 속에서 점차 체계적으로 정리되는 경험을 할 수 있다.

이 두 가지 방법은 실력을 키우기 위해 필수적으로 추천하는 방법이다. 앞에서 말한 것만으로도 알 수 있듯이 나는 갑자기 큰돈을 벌 수 있다는 무책임한 약속은 하지 않는다. 그런 것은 결국 사기에 불과하다. 우리는 믿음을 가지고, 차근차근 단계를 밟아 가며 실력을 쌓아 가야 한다. 만약 실력 증진에 가속도를 붙이고 싶다면 제시한 두 가지 방법을 통해 본인의 능력, 즉 레벨을 향상하길 바란다. 여기에 판단력까지 함께 키울 수 있다면 그야말로 금상첨화일 것이다.

3. 나도 친구가 없다

나는 항상 친구와 보내는 시간을 소중히 여겨 왔다. 특히 군대 생활을 하면서 이러한 감정은 더욱 깊어졌다. 휴가를 나갈 때마다 가장 먼저 고려하는 것은 '친구들과 시간을 함께할 수 있느냐'였다. 그만큼 친구들은 삶의 큰 기쁨이자 동력이었다. 그런 내가 지금은 마음을 나눌 친구 한 명조차 없는 상태에 이르렀다. 그렇다. 나는 현재 친구가 없다. 점심 한 끼를 같이 할 친구, 저녁에 술 한 잔 나눌 친구조차 찾기 어렵다.

하지만 나는 우울해하지 않는다. 전혀. 지금 나누고자 하는 주제가 '인간 이진우의 친구 부재'에 관한 것이 아니다. 그것은 나에게 중요한 문제가 아니다. 내가 여기서 말하고자 하는 것은 바로 '선택과 집중'이다. 친구들과 멀어지기 시작한 것은 온라인 커머스 사업에 본격적으로 뛰어들었을 때부터였다. 내 모든 정신은 비즈니스에만 집중되어 있었고, 친구들과의 만남을 위한 시간조차

낼 수 없었다. 창고의 불을 끄고 셔터를 내린 후 집에 돌아와 샤워하고 누워도, 내 머릿속 셔터는 쉽게 내려가지 않았다. 잠에서 깨어나는 순간부터 다시 머릿속의 셔터가 올라가고, 창고의 불도 함께 켜졌다. 잠자는 시간을 제외하고, 나는 '사업'에만 온전히 시간과 정신을 쏟을 수밖에 없었다. 시간이 지나며 친구들과는 점점 멀어졌지만, 사업은 점차 성장해 나갔다. 그 성장은 더디게 보였으나, 어느 순간 기하급수적으로 성장했다. 물론, 아직도 나아갈 길은 멀다. 그러나 핵심은 바로 이것이다. 성공적인 사업을 운영하고 싶다면 매일매일 사업에 몰입하는 것이 해답이다. 잠자는 시간을 제외한 모든 시간을 사업에 바친다면 그 결과는 분명하다.

다른 예를 들어 보자. 만약 영어를 잘하고 싶다면 어떻게 해야 할까? 하루에 15시간씩 영어 공부에 몰두한다고 가정해 보자. 6개월이 지나면 성적이 향상될 것이다. 처음에는 성장이 더딜 수 있으나, 어느 순간 임계점에 도달하면 더 적은 시간을 투자하더라도 더 큰 성과를 얻게 될 것이다. 이 이야기는 노아 AI의 현승원 대표님의 유튜브 영상에서 영감을 받아 나만의 방식으로 재구성해 본 것이다. 이는 내 실제 경험을 바탕으로 한 이야기이기도 하다.

어떤 일에 제대로 된 성과를 내고 싶다면 그 일에 몰입하는 것이 중요하다. 그리고 일정 시간이 흘러 임계점에 도달하게 되면 성과는 급격히 상승할 것이다. 무언가를 하면서 '이게 정말 옳은 일인가? 제대로 하는 건가?'라는 의문이 들 수 있다. 그러나 이러한 의문을 갖는 것 자체가 잘하고 있다는 증거다. 임계점에 도달하기까지는 힘들고 성과가 눈에 띄지 않을 수 있다. 그러나 임계점을 넘어서면 큰 성과를 경험할 수 있을 것이다.

온라인 사업을 하고, 오프라인 영업을 하고, 친구들과의 시간도 가지려고 한다면 결국 어느 하나도 제대로 성과를 내기 어렵다. 무언가를 이루고자 한다면 그것에 집중해야 한다. 선택한 일에 모든 열정과 힘을 쏟아부어 집중하자.

4. 나 혼자 잘 먹고 잘 살 수 있다니까?

이 이야기를 시작하기에 앞서, 이번 내용은 정말 중요하다고 강조하고 싶다. 이 내용만으로 책을 써도 그 가치는 50만 원 이상일 것이라 자신한다. 따라서 꼭 끝까지 주의 깊게 읽어 주길 바란다.

지금부터 다룰 주제는 바로 '협업'이다. 언뜻 보기에 재미없는 주제일 수 있지만 이 부분을 읽고 나면 느끼는 점이 분명히 있을 것이라 확신한다. 그리고 그것이 바로 이번 기회를 통해 한걸음 더 성장하는 계기가 될 것이다.

누구나 살아오면서 협업이나 협동과 같이 함께하는 일의 가치에 대해 익히 들어 왔고 배웠을 것이다. 그러나 실제로 같은 목표를 가지고 움직이는 사람들 사이의 협업은 때로는 '적과의 동침' 같은 느낌을 주기도 한다. 그럼에도 불구하고 우리가 의도적으로

'적과의 동침'을 해야 할 이유가 있는데, 그것은 바로 더 큰 목표를 달성하기 위함이다.

의도적으로 적과 동침하는 것, 즉 의도적으로 배척하고 때려눕혀야 할 상황에서 옆에서 같이 자는 것이 과연 옳은 일일까? 당신은 어떻게 생각하는가? 이러한 문제 제기를 통해 협업의 진정한 가치와 중요성에 대해 다시 한 번 생각해 볼 기회를 가질 수 있다.

이와 관련해서 한 가지 예시를 들어 보겠다. 상상해 보라. 한 골목에 A 술집과 B 술집이 있다. A 술집은 언제나 장사가 잘 되어 북적거렸다. 반면 B 술집은 A 술집에 비해 조금 못 미쳤지만, 그래도 어느 정도 먹고살 만한 수준이었다. 그런데 어느 날 A 술집이 미성년자를 신분증 검사 없이 술집에 들인 사실이 적발되어 영업정지 처분을 받게 된다. 이때 반전이 등장한다. 알고 보니 B 술집의 사장이 항상 붐비는 A 술집의 손님을 뺏어 오기 위해 술수를 썼던 것이다. A 술집이 문을 닫자 잠깐은 B 술집으로 사람들이 몰렸다. 그러나 그것도 잠시, 곧 손님들은 그 골목을 외면하기 시작했다. 나중에 드러난 사실은 B 술집이 어느 정도 잘 되었던 것이 A 술집 덕분이었다는 것이다. A 술집에 손님이 붐비어 조용한 분위기를 원하는 사람들이 B 술집을 찾았고, A 술집이 꽉 차서 마지못해 B 술집으로 간 경우도 상당수였다. A 술집이라는 최선의 선택이 사라진 상황에서 사람들은 더 이상 그 골목을 찾을 이유를 느끼지 못했다. 결국 손님들은 그 골목을 외면했고, 이는 B 술집에도 폐업이라는 비극적인 결말을 가져왔다. 이 이야기는 경기도 하남 시에서 내가 직접 겪은 100% 실화를 바탕으로 한 것이다.

이것과 반대되는 적과의 동침을 의도적으로 행한 예시도 있다. 혹시 〈이태원 클라쓰〉라는 드라마를 아는가? 이 드라마에서 주인 공 '박새로이(박서준 분)'는 이태원에 '단밤'이라는 이름의 술집을 개업한다. 그러나 자본이 부족했던 박새로이는 상권이 죽어 가는 지역에 자리 잡고 장사를 시작하게 된다. 주변 상권이 침체되어 있었고, 상황이 나아질 조짐도 보이지 않았다. 따라서 다른 방식 의 마케팅으로 손님을 유치하는 것도 쉽지 않았다. 이러한 상황에 서 박새로이는 가게 밖으로 나가기로 결심한다. 호기롭게 나선 그 는 주변 가게의 간판을 수리하고, 더러운 거리를 청소하며, 페인 트칠을 시작한다. 이렇게 박새로이가 활동하는 모습을 본 직원들 은 다음과 같이 생각한다.

'안 그래도 힘든데, 왜 굳이 남 일까지 도와주고 난리야?'

시간이 흐르면서 깨끗해진 골목에 사람들이 하나둘 찾아오기 시작했다. 어느덧 사람들로 북적이게 되고, 단밤 역시 손님이 모 이기 시작했다.

이 두 가지 예시를 통해 우리는 중요한 사실을 알 수 있다. 같은 목표와 같은 업종이라 하더라도 협업이 분명 긍정적인 영향을 미 칠 수 있다는 점이다. 나 역시 10~20억 원 정도의 매출 증가를 경 험하면서 비슷한 교훈을 얻었다. '조용히 혼자서 잘 벌어 먹고살 아야지. 남들이 오기 전에 내가 다 해치워야지!'라고 생각했다. 그러나 혼자서 모든 것을 해내는 것은 불가능했다. 이 문제를 조금 더 깊이 생각해 보면 이는 직원을 이끄는 리더로서의 역량과도 연결될 수 있다. 가끔 2~3명의 직원과 함께 일하는 대표들이 이런 질문을 하곤 한다.

"제가 가진 노하우를 다 알려주면, 직원들이 그걸 가지고 나가서 자기 사업을 시작하지 않을까요? 어떻게 해야 할까요?"

나는 그런 경우 이렇게 조언한다.

"대표님께서 그 직원 한 사람을 평생 책임질 수 있다면 노하우를 감추세요. 그렇지 않다면 지식을 공유하세요. 설령 그들이 나가서 자기 사업을 시작한다 해도 웃으면서 떠나보내 주세요."

여기서 여러 가지 중요한 사실을 깨닫게 된다.

① 나는 직원 한 사람의 인생을 평생 책임질 수 없다.
   나는 직원의 부모가 아니다.
② 나에게 배워서 자기 사업을 하고자 하는 마음을 가진 직원이
   있다면, 그것은 결국 '나' 자신이 실력자임을 의미한다.
③ 노하우는 단순한 방법론에 불과하다. 중요한 것은 마인드다.
④ 자기 사업을 시작하려는 마음을 가진 직원은 그 마인드가
   매우 뛰어나다.
⑤ 그런 직원을 올바르게 관리하는 것도 대표의 실력이다.
⑥ 결국 직원과 대표 사이의 관계는 상하 관계라기보다는 협업에
   더 가깝다.

이와 같이 우리는 협업의 중요성과 리더십의 진정한 의미를 다시 한 번 되새겨 볼 필요가 있다. 협업을 통해 서로의 장점을 발휘하고, 리더로서 역량을 발휘해 모두가 함께 성장해 나가는 것이야말로 진정한 성공의 길이다.

5. 실행력의 힘: 대학생에서 월 순이익 1억 원의 사업가로

나는 현재 27살이다. 2019년도에 대학교를 다니면서 부업으로 시작한 일이 이렇게 커질 줄은 나도 몰랐다. 한 달에 100만 원, 200만 원을 직접 벌어서 쓸 수 있다는 사실이 너무나도 설레고 즐거웠다. 후배들에게 밥을 잘 사주는 선배가 될 수 있다는 것도 기뻤다. 술을 즐기지 않지만 대학생 시절에는 무엇이 그리 좋았는지 술도 자주 마셨다. 술값으로 6~7만 원을 써도 돈이 남았다.

학생회관에서 파는 학식은 가격별로 코스가 나뉘어 있다. 우리 학교는 2,300원, 3,500원, 4,500원짜리로 총 세 가지 코스가 있었다. 당시 나는 주머니 사정이 여유가 있었기에 그날그날 먹고 싶은 메뉴를 가격 상관없이 선택했다. 전혀 부담스럽지 않았다. 그때의 목표는 '서른 살에 1억 원 모으기'였다. 지금은 '한 달에 순이익 1억 원을 꾸준히 벌어들이는 것'이 목표다.

나도 2019년에는 평범한 학생이었다. 그때도 그렇게 생각했다.

하지만 지금 돌이켜 보니 크게 다른 점이 하나 있었는데, 바로 '실행력'이었다. 이것만큼은 압도적이었다. 안 될 이유를 찾는 사람은 무엇을 해도 성공하지 못한다. 가능한 이유가 단 하나라도 있다면 도전해야 한다. 나는 안 된다고 말한 사람 중에서 성공한 사람을 단 한 명도 찾지 못했다. 성공할 것이라고 말한 사람 중에서 성공한 사람은…… 말하지 않아도 알 것이라 믿는다.

첨부된 자료는 부가가치세 과세표준 증명원이다. 나는 추가 수익을 창출하는 법인이 하나 더 있다. 이 말에 조금이나마 힘을 보태고 당신을 설득하기 위해 보여 준다.

손에 쥔 것이라곤 단돈 50만 원 남짓했던 별 볼일 없던 나도 실행하니 길이 보였다. 그리고 도전하니 성공이 찾아왔다. 실천하라. 압도적 실행력만이 오늘과 다른 내일을 가능하게 한다.

과 세 기 간		매출과세표준			납부할 세액 (환급받을 세액)
부터	까지	계	과세분	면세분	
2019/07/01	2019/12/31	46,605,200	3,047,100	43,558,100	30,471
2020/06/01	2020/06/30	134,079,305	24,838,730	109,240,575	720,181
2020/01/01	2020/05/31	447,514,700	55,379,574	392,135,126	0
2020/07/01	2020/12/31	1,087,892,831	94,162,311	993,730,520	304,724
2021/01/01	2021/06/30	2,368,979,280	75,495,927	2,293,483,353	13,897
2021/07/01	2021/12/31	2,905,647,460	83,011,923	2,822,635,537	851,576
2022/01/01	2022/06/30	3,593,088,636	39,049,650	3,554,038,986	-1,305,849
2022/07/01	2022/12/31	2,426,124,439	23,617,950	2,402,506,489	206,167

위와 같이 증명합니다.

※ 위 내용은 발급일 현재 상황으로서 추후 변경될 수 있습니다.

접 수 번 호	503220386341	2023 년 1 월 27 일
담 당 부 서	민원봉사실	
담 당 자		경기광주세무서장
연 락 처	031-790-3502	

6. 정말 열심히 하고 있는가?
'메타인지'의 중요성

열심히 하는 것은 어려운 일이다. 나 역시 마찬가지다. 유튜브를 새롭게 시작할 것처럼 보였으나 곧 손을 놓았고, 글도 매일 쓸 것처럼 다짐했지만 결국 또 손을 놓았다. 그럼에도 불구하고 나는 나름 '열심히' 하고 있다고 생각한다. 하지만 어느 순간 다음과 같은 의문이 들었다.

'지금 '열심히'라는 단어로 과연 나 자신을 속이고 있는 것은 아닌가? 정말로 내가 '열심히' 한 것이 맞는가?'

당신은 어떤가? 정말로 열심히 하고 있나? 목숨을 걸고 하고 있는가? 여기서 잠시 고등학생 시절 이야기를 해 보려 한다. 고등학교 3학년 때의 일이다. 나는 야간자율학습이 너무 하기 싫었다. 속으로는 이렇게 생각했다.

'야자를 하면 석식을 먹고 친구들과 함께 운동장에서 뛰어놀 수 있겠지. 근데 땀에 흠뻑 젖은 상태로 과연 야자에 집중할 수 있을까? 차라리 그 시간을 활용해 독서실에서 인터넷 강의 한 개를 더 듣겠다. 그리고 야자 시간에는 노트북 사용이 금지되어 있으니 인터넷 강의도 들을 수 없다.'

그 이후 이러한 이유를 들어 어머니를 설득해 야자를 빼기로 결정했다. 돌이켜 보면 내 협상 기술은 정말 뛰어났다. 그렇게 야자를 빼고 오후 6시쯤 학교 수업을 마치면 바로 독서실로 향했다. 가긴 갔지만 독서실에 간 것은 오로지 가방뿐이었다. 나는 가방을 내려놓고는 곧장 피시방으로 향했다. 당시의 나는 이런 생각을 했던 것 같다.

'어차피 학교에 남아 있는 애들도 축구를 하며 놀잖아. 나도 한 시간 정도는 쉬어도 되지 않을까?'

그렇게 고등학교 3학년의 수험 생활을 지나왔다. 그리고 당연하게도 원하는 성적은 거두지 못한 채 재수를 하게 되었다. 그럼에도 나는 지금까지 나름 열심히 살았다고 자부하며 살아왔다. 하지만 남들이 나를 어떻게 보는지 생각해 봤다. 물론 더 자세한 이야기는 하지 않았지만 앞서 말한 내용만으로도 나는 열심히 하지 않았다는 것을 쉽게 알 수 있다. 그렇다. 나는 나 자신을 속이고 있었다. 자기애가 너무 충만한 나머지 결국 내로남불의 오류를 범하고 말았다.

'그래, 이 정도면 됐지, 뭐!'

내가 10만큼 노력했을 때 다른 이들은 이미 100만큼의 노력을 기울이고 있다는 사실을 잊어서는 안 된다. 정신을 차리고 주변을 돌아보라. 진정으로 열심히 하고 있는 것이 맞는가? 나 자신에서 유체이탈해 정수리 위에서 삶을 한 번 되돌아보라. '저 인간, 정말 제대로 하는 건가? 인생을 제대로 살고 있는가?'라고 자문해 보라. 이것이 바로 '메타인지'의 중요성이다.

7. 통찰력과 지식으로 온몸을 두르다
(feat. 자청 & 『부의 인문학』)

한 달에 한 번씩 진행하는 '월 2억 이상 이커머스 마스터' 비즈니스 모임이 있다. 어느 날, 이 모임에 사업가이자 유튜버, 작가로 활동하는 '자청' 님이 특별 게스트로 참석했다. 자청 님은 39만 9,000명(2024년 5월 기준)의 구독자를 보유한 유튜브 채널을 운영하며, 교보문고와 YES24 등에서 자기계발 분야 1위를 갱신한 『역행자』의 저자이기도 하다. 이 만남은 비즈니스 모임답게 사업과 관련된 깊이 있는 대화로 이어졌다. 엄청난 인사이트가 쏟아져 나와 뇌에 과부하가 걸린 듯한 느낌이 들었으며, 오랜만에 혈관이 막힌 듯한 감각을 느꼈다. 그만큼 유익하고 풍부한 대화가 오고 갔다.

그중 특히 여기서 공유하고 강조하고 싶은 인사이트가 있다. 바로 '레벨'에 관한 이야기다. '레벨'에 대해 말하는 것이 이번이 처음은 아니지만, 매번 이야기할 때마다 새롭고 부족함이 없다는 생각이 든다.

자청 님의 말씀을 인용하면 우리는 아침에 일어나 휴대폰을 확인하고, 일을 마친 후 집으로 가면서 유튜브 쇼츠를 보고, 잠들기 전에는 인스타 릴스를 살펴본다. 만약 그 시간을 책을 읽거나 글을 쓰는 등의 생산적인 활동에 할애한다면 이는 하루 이틀이 아닌 1년, 2년으로 이어지며 엄청난 파급력을 만들어 낼 것이다. 그것이 바로 자신의 '레벨'을 높이는 방법이다.

처음에는 온갖 미사여구로 이 책을 펼치게 했을지도 모르겠다. 하지만 이것만으로는 지속 가능성에 한계가 있다. 본질이 아닌 방법론에 초점을 맞추는 사람들은 결국 사기꾼에 불과하다. 유튜브에 나오는 달콤한 말에 현혹되지 않아야 한다.

쿠팡 상위 노출이나 네이버 판매 전략, 플랫폼 다양화 등은 정답이 없는 노하우의 영역이다. 이 글을 읽는 당신이 나보다 더 잘할 수 있겠지만, 그보다 더 중요한 것은 '레벨'이다. '레벨'은 '통찰력'으로도 표현될 수 있다. 통찰력이란 '해 보지 않고도 알 수 있는 것'을 의미한다. 즉, '똥인지 된장인지 맛보지 않아도 알 수 있는 것'이라 할 수 있다. 사업 방향이 올바른지를 처음부터 알 수는 없다. 그 과정에서 실패와 시행착오를 겪게 되지만 배움을 통해 더 쉬운 길을 찾을 수 있다. 강의를 듣는 것만이 아니라 책을 통해 값싸게 얻을 수 있는 지식을 통해 글을 쓰며 반복적으로 행동하는 것이다. 이러한 과정을 통해 진정한 통찰력을 키우고, 본인의 사업 방향을 올바르게 설정할 수 있게 될 것이다.

이제, 브라운스톤(우석) 님의 『부의 인문학』을 잠시 소개하고 싶다. 저자는 500만 원으로 50억을 만들었다가 고스란히 날린 경험, 부동산 투자를 했다가 크게 손해를 본 경험 등 연이은 실패 속에서 어떻게 포기하지 않고 큰돈을 벌게 되었는지 그 피 나는 과정과 도전의 여정을 심도 있는 여러 이론과 정치·사회·경제적 상황을 들어 흥미롭게 이야기한다. 그 과정에서 자신을 단단하게 만드는 것이 어떠한 외부적 조건보다 중요하다는 것을 깨닫게 한다.

이 책은 단순히 경제적 부를 추구하는 방법론을 넘어 인생에서의 진정한 성공을 위한 지혜를 제공한다. 즉, 변화하는 세상 속에서 유일하게 변하지 않는 것, 바로 자기 자신을 강화하고 발전시키는 것의 중요성을 일깨워 준다. 우리는 이를 통해 장기적으로 승리할 수 있는 토대를 마련할 수 있다. 이는 우리에게 중요한 교훈을 준다. 성공한 사람들의 경험과 지식을 통해 우리는 훨씬 적은 대가로 더 큰 교훈을 얻을 수 있다. 이러한 지식을 통해 우리는 자신의 삶과 경력을 한 단계 업그레이드할 기회를 갖게 된다.

또한 이 책에서 강조하는 바와 같이 방법은 항상 변화한다. 변화하는 세상 속에서 우리 자신을 지속적으로 개선하고 강화함으로써 장기적으로 승리할 수 있다. 단단하게 자신을 만드는 것은 단지 지식을 축적하는 것만이 아니다. 그것은 끊임없는 자기반성과 학습, 그리고 새로운 도전을 받아들이는 유연성을 포함한다. 이 책은 우리에게 그러한 자세를 갖추고, 자신만의 경로를 개척하며, 도전과 실패에서 배우는 것의 가치를 일깨워 준다.

왜 이 책을 읽지 않는가? 맨땅에 헤딩하지 않고도 배울 수 있는 매우 효과적인 방법이 가득한데 말이다.

8. 몰입의 힘: 일상 속 선택의 에너지 절약법

인생을 살아가며 누구나 한 번쯤은 '승리의 비결에 무엇이 있을까'를 고민해 본 적이 있을 것이다. 여러 비결이 있겠지만 나는 그 중 하나인 '몰입'에 대해 공유하고자 한다.

우리의 일상은 매일 아침 눈을 뜨는 순간부터 시작되어 수없이 많은 선택의 순간들로 이어진다. 나 역시 예외는 아니기에 아침에 일어나자마자 본능적으로 휴대폰을 손에 쥐고는 메일 확인, 소셜 미디어의 새로운 소식들을 접하며 하루를 시작하곤 한다. 이런 습관이 어떻게 나의 에너지를 조금씩 소진하는지 모르고 말이다. 이렇게 하루를 시작하는 것이 과연 올바른 방법인지에 대해 고민해 본 적이 있다.

우리가 하루 동안 사용할 수 있는 에너지의 양은 한정되어 있으며, 이를 'E'라고 칭해 보자. 아침에 100% 충전된 'E'로 하루를 시작하지만, 사소한 행동 하나하나에 'E'를 조금씩 사용하게 된다. 특히, 스마트폰을 확인하는 단순한 행위만으로도 상당한 양의 'E'가 소모된다. 이런 작은 소모들이 쌓이게 되면 우리는 중대한 결정을 내릴 때 필요한 'E'를 이미 많이 소진한 상태가 된다.

이 문제를 해결하기 위한 방법 중 하나는 바로 스마트폰과 거리를 두는 것이다. 스마트폰은 분명 현대 생활에 없어서는 안 될 중요한 도구이지만, 때로는 우리의 소중한 'E'를 빼앗아 가는 주범이 되기도 한다. 나는 이를 극복하기 위해 스마트폰 대신 책을 선택했다. 잠자리에 들기 전 유튜브 시청 대신 책을 읽는 습관을 들였고, 이는 나에게 큰 변화를 가져다주었다. 책을 읽다 보면 자연스럽게 잠이 오고, 다음 날 더 많은 'E'를 가지고 하루를 시작할 수 있게 되었다.

당신도 스마트폰을 멀리하고, 몰입할 수 있는 다른 활동을 찾아보라. 아침에 일어나서 스트레칭을 하거나 짧은 명상을 하는 것만으로도 하루를 시작하기 위한 'E'를 아낄 수 있다. 중요한 것은 한정된 'E'를 어떻게 관리하고 사용하느냐에 따라 인생의 중요한 순간들에서 최선의 결정을 내릴 수 있는지가 결정된다는 것이다. 예를 들어, 마크 주커버그가 매일 같은 옷을 입는 것도 의사결정에 드는 에너지를 줄이기 위한 전략 중 하나다. 그는 자신의 에너지를 보다 중요한 결정에 집중하기 위해 일상적인 선택에서 발생하는 에너지 소모를 최소화하고자 한다.

이처럼 '몰입'은 우리가 가진 한정된 'E'를 가장 효율적으로 사용하는 데 핵심적인 역할을 한다. 몰입을 통해 불필요한 방해 요소들에서 벗어나 중요한 작업에 집중할 수 있다. 이는 곧 더 나은 결과물을 만들어 내고, 우리의 목표 달성에 한걸음 더 다가설 수 있게 해 준다.

예를 들어, 나는 글쓰기 작업에 몰입하기 위해 조용한 환경을 선택하고, 필요한 모든 자료를 미리 준비해 놓는다. 또한 작업 중에는 스마트폰을 멀리하고 인터넷 사용을 최소화해 집중력을 유지한다. 이러한 준비 과정과 환경 설정은 몰입을 촉진하며, 결국 더 높은 질의 작업을 완성하는 데 큰 도움이 된다.

이렇듯 몰입은 단순히 한 가지 일에 집중하는 것을 넘어서 에너지를 효율적으로 관리하고, 중요한 순간에 최선의 결정을 내릴 수 있는 능력을 키워주는 중요한 요소다. 몰입을 통해 얻을 수 있는 이점은 단지 작업의 효율성만이 아니다. 몰입은 삶 전반에 긍정적인 영향을 미치며, 우리가 더 행복하고 만족스러운 삶을 영위할 수 있도록 도와준다. 따라서 당신이 진정으로 원하는 것이 무엇이든, 그것에 대한 몰입을 통해 당신의 삶을 한 단계 더 끌어올릴 수 있다.

그러므로 오늘부터라도 스마트폰을 잠시 멀리하고 진정으로 관심 있고 열정을 느끼는 일에 집중해 보라. 그것이 취미활동일 수도 있고, 새로운 기술을 배우는 일일 수도 있다. 중요한 것은 그 활동에 몰입함으로써 당신의 삶에 긍정적인 변화를 불러올 수 있다는 점이다. 승리의 비결은 결국 우리가 어떻게 우리 자신의 에너지를 관리하고, 목표에 집중하느냐에 달려 있다. 당신도 몰입을 통해 자신의 인생에서 승리의 달콤함을 쟁취해 보길 바란다.

9. 메모의 힘: 간단하지만 강력한 습관

앞서 몰입의 힘에 이어 인생을 승리로 이끄는 비법 중 하나가 바로 '메모'라는 사실에 놀랐는가? 처음에는 너무나도 단순하고 평범한 방법처럼 들릴 수 있다. 하지만 이 방법의 진정한 가치를 이해하고 나면 그 효과에 대해 다시 생각하게 될 것이다. 메모의 힘은 단순한 기록에 그치지 않는다. 가장 중요한 것은 메모를 통해 우리가 얻고자 하는 목표와 그 이유다.

일상에서 우리는 다양한 업무와 과제에 직면한다. 아침에 출근해 A라는 업무를 시작하고, 곧이어 B, C, D 업무까지 끊임없이 쌓이게 된다. 그 순간 우리는 계획을 세운다. 'A와 C 업무를 먼저 마치고, 그다음에 B와 D 업무를 처리하자!'라고 생각한다. 하지만 이러한 계획은 종종 잊기 쉽다. 문제의 핵심은 우리가 이를 잊어버리느냐가 아니다. 우리는 무의식적으로 이 업무들을 기억하려고 노력하면서 뇌의 에너지를 소모한다.

아침에 완전히 충전된 상태의 뇌 에너지를 'E=100'이라고 가정해 보자. 무의식적인 에너지 소모로 인해 필요하지 않은 에너지를 낭비하며, E=100에서 가능한 한 최고의 결과물을 만들어 낼 기회를 놓치고, 대신 E=70 또는 E=80의 상태에서 작업을 하게 된다.

복잡한 계산 문제, 예를 들어 '484×1152는 얼마인가?' 같은 문제를 암산으로 해결하려고 애쓰지 마라. 간단한 메모 한 줄이면 쉽게 해결할 수 있다. 그럼에도 불구하고 우리는 왜 암산으로 문제를 해결하려고 고집할까? 이는 마치 '인생을 일부러 더 어렵게 설정하고 살아가는 것'과 같다고 할 수 있다. 군이 어려운 길을 선택할 필요가 없다. 메모의 습관을 통해 인생을 더욱 효율적이고 쉽게 만들 수 있다.

메모 습관을 들이게 되면 1년 후에는 자신도 믿기 어려울 만큼의 변화를 경험하게 된다. 하루 충전된 에너지 E=100을 가정할 때 단 0.1만 절약해도 하루에 0.1% 앞서 나갈 수 있다. 이 작은 0.1%의 성장이 365일 동안 지속되면 1일 차에 비해 44% 성장한 모습을 볼 수 있다. 만약 하루에 1%씩 성장한다면 365일 후에는 현재의 모습보다 약 1만 2,848배 성장한 상태가 된다.

물론 하루에 110% 성장하는 것은 현실적으로 불가능할 수 있다. 하지만 이론적으로 가능한 성장률을 통해 메모의 습관이 당신의 삶에 가져올 수 있는 긍정적인 변화의 잠재력을 이해할 수 있다. 이처럼 메모를 활용하는 것은 단순히 일정을 기억하는 수단을 넘어 뇌 에너지를 효율적으로 관리하고, 목표 달성을 위한 명확한 경로를 제시하는 강력한 도구가 될 수 있다.

메모는 또한 우리가 중요한 결정을 내릴 때 집중력을 높이고, 우선순위를 명확히 하는 데 도움을 준다. 예를 들어, 회의 중에 발생하는 아이디어나 결정 사항을 즉각적으로 기록함으로써 나중에 이를 빠르게 참조하고 실행에 옮길 수 있다. 이는 시간을 절약하고, 업무의 효율성을 극대화하는 데 큰 도움이 된다.

또한 개인적인 목표나 꿈을 메모함으로써 우리는 그 목표를 더욱 구체화하고 실현 가능한 계획으로 전환할 수 있다. 메모는 우리의 생각과 목표를 시각화하며, 매일의 작은 성취를 기록함으로써 동기부여를 제공한다. 이는 장기적인 목표에 대한 집중력을 높이고, 궁극적으로 그 목표를 달성하는 데 필수적인 역할을 한다.

이처럼 메모의 습관은 단순히 일상을 정리하는 것을 넘어서 생산성을 향상하고, 목표를 달성하는 데 강력한 도구로 작용한다. 따라서 메모를 일상에 적극적으로 통합하고, 그로 인해 얻을 수 있는 다양한 이점을 최대한 활용해 보는 것이 중요하다. 당신의 삶을 더욱 풍요롭고 의미 있게 만드는 것은 바로 당신의 손에 달려 있다.

10. 사업 성공 후 주의해야 할 함정들

내 주변에는 한 달에 2,000~3,000만 원은 기본이고 그 이상을 버는 대표들이 꽤 있다. 이런 대표들이 공통으로 지적하는 것이 있다. 바로 돈을 벌기 시작할 때 가장 조심해야 할 것들이다.

먼저, 대부분의 대표들이 아직도 기업 형태의 경영보다는 1인 기업이나 소기업 형태로 운영하는 상황이다. 이런 상황에서 돈을 벌기 시작하면 갑자기 이 모든 영광이 영원할 것만 같은 착각에 빠져 직원을 대거 늘리는 결정을 내리기 쉬운데, 이는 상당히 위험한 발상이다. 기억하라. 당신은 '사장'이지 '회장'이 아니다.

그리고 벌써 놀러 다닐 생각을 하고 있다면 그것은 평생 놀다 갈 수 있다는 신호일 수 있다. 또한 사치와 향락, 명품에 대한 유혹을 경계해야 한다. 벌다 보니 벤츠나 BMW를 우습게 보고, 시계도

500만 원에서 1,000만 원짜리 정도는 차도 괜찮겠다는 생각이 들수 있다. 하지만 영원한 영광은 없다는 것을 기억해야 한다.

보통 1인 기업이 빠르게 성장하는 경우를 보면 대부분의 대표에게 수비적인 성향보다는 공격적인 성향이 강하게 나타난다. 이로 인해 누구보다 빠르게 성장하고 첫 달부터 월 1,000만 원의 수익을 올리는 사람도 많다. 하지만 회계나 장부 처리, 관리 업무에 대해서는 상당히 미흡한 경우가 많다. 업무 정리도 잘 안 되고, 가끔 생각나는 대로 업무 처리하는 경우도 있다.

이러다 보면 "버는 것 같은데……왜 돈이 없지?"라는 생각이 들때가 많다. "아! 아직 정산이 안 돼서 그렇구나"라고 생각할 수 있지만, 그 이상의 확실한 팩트 기반 자료가 필요하다. 따라서 성장형 대표들의 경우 수익을 극대화하는 한편, 꼭 정리 정돈을 잘하는 것이 중요하다.

반대로 수비형 대표들의 경우 결정을 미루지 말고, 더 빠릿빠릿하고 효율적으로 움직여라. 공격적인 투자가 두렵다면 더 효율적인 방법을 스스로 모색하되 심사숙고라는 말로 결정을 미루지 마라. 결정은 빠르게! 그리고 잘못된 결정도 빠르게 수정하면 된다.

이 모든 것이 당신이 성공적인 사업을 이끌어 가는 데 중요한 요소들이다. 기억하라. 돈을 벌기 시작하는 순간부터가 진짜 시험의 시작이다.

11. 책임에서 도망치지 마라: 진정한 도전에 맞서기

가끔 다른 대표들이 나에게 던지는 질문들이 있다. "C/S 전화가 너무 두렵다", "광고비가 너무 무섭다", "제품을 올렸는데 팔리지 않으면 어떡하나?", "샘플을 반드시 구매해야 하나?" 등. 이런 질문들을 들을 때마다 조금은 황당하다는 생각이 들기도 한다. 사업자 등록을 하는 순간부터 당신은 이미 대표의 자리에 서게 되는 것이다. 한 회사의 '대표'가 되는 것이다.

나를 따라 월 1억 원에 도전한다고 해서 혹은 내가 매출이 높다고 해서 당신이 당신 자신을 낮출 필요는 전혀 없다. 당신이 내 직원은 아니지 않은가? 누군가가 '하라'고 한다고 그냥 할 이유는 없다. 자부심을 갖고 대표로서 당당히 서라. 나 역시 상대방의 기를 꺾기 위해 의도적으로 고자세를 취하는 방법을 사용하기도 하지만, 결코 무시하거나 경멸하는 태도는 취하지 않는다. 당신의 매출이 0원이라 하더라도 그것은 무례한 일이다. 대표라는 자리에 있다면 그에 걸맞게 행동해야 한다. 대표는 책임을 지는 자리다.

C/S 전화가 무서워서 시작도 못 하겠다고? 그렇다면 처음부터 사업을 시작하지 마라. 광고비가 무서운가? 그럼 아예 직장생활을 하는 것이 낫다. 제품을 올렸는데 팔리지 않으면 어떡하나? 대표답게 스스로 해결책을 찾아라. 샘플을 꼭 사야 하나? 결국 결정은 대표가 해야 한다. 나에게 정답을 구하지 마라. 나는 당신의 책임

을 대신 짊어질 수 없다.

이런 질문을 하는 까닭은 결국 '책임'에서 벗어나고 싶어 하기 때문이다. 그러나 그렇게 하면 사업을 이끌어 갈 수 없다. 내 회사에서 일어나는 모든 일에 대해 책임지고 대처해야만 월 1,000만 원을 벌 수 있다. 만약 그렇지 않고도 돈을 벌 수 있는 방법이 있다면, 그것은 분명 사기일 것이다.

나는 올해 8월, 9월 연속으로 매출 20억 원을 달성하며 이미 3/4분기에 누적 매출 200억 원에 근접하게 돌파했다. 나도 처음에는 왕초보 강의를 무료로 진행했다. 결국 돈을 벌기 위해서다. 반면, 요즘에는 자신의 사업도 제대로 운영하지 못하면서 고가의 강의를 판매하는 경우가 있다. 월 20억 원 매출을 올리며 온라인 사업을 운영하는 나조차 힘든데, 그런 분들은 어떨까? 강의가 더 돈이 된다는 사실을 증명하는 것이다.

나는 당신이 장기적으로 성장하기를 바라는 마음에서 이 글을 쓰게 되었다. 우리는 이제 어린아이가 아니며, 단순한 직원도 아니다. 우리는 '대표', '오너'다. 나 역시 돈을 벌어야 하지만, 최소한 B2B에서는 대표들이 돈을 벌어야 내가 돈을 벌 수 있다고 생각한다. WIN-WIN 구조가 되어야만 사업이 장기적으로 유지될 수 있다. 모든 사람이 다 잘 될 수는 없겠지만 이 글을 읽고 마음이 움직인 사람이 한 명이라도 있다면, 나는 그것만으로도 성공했다고 생각한다.

12. 마음을 정리하는 글쓰기: 나의 일상 변화기

나도 나태함이라는 깊고 어두운 늪에 깊숙이 빠져 버릴 때가 있다. 그럴 때마다 절실한 마음으로 이 상태에서 어떻게 벗어날 수 있을지 고민에 빠진다. 스스로와의 약속을 지키지 못하는 일이 반복되고, 매일 같은 나태함에 젖어 생활하는 나를 보며 마음을 다잡을 방법이 과연 무엇일지 진지하게 고민한다. 이런 상황에서 정신을 차릴 수 있는 방법을 찾아보고자 한다.

글쓰기라는 행위는 내 마음속 깊은 곳에 뒤죽박죽 뒤섞여 있는 복잡한 생각들을 하나하나 꺼내어 차분히 정리하는 과정이라고 할 수 있다. 이는 마치 뒤엉킨 실타래를 하나씩 풀어내 깔끔하게 정돈하는 과정과 유사하다. 이 과정을 통해 혼란스러웠던 생각들을 논리적으로 정렬하고, 그 정렬된 결과를 다시 뇌로 되돌려 보내는 작업을 한다.

경제가 어려워지고 사업의 매출이 기대만큼 오르지 않을 때 우리가 반드시 실천해야 할 세 가지 중요한 활동이 있다. 그것은 바로 규칙적인 운동하기, 다양한 책 읽기, 매일 글쓰기다. 이 세 가지 활동은 듣기에는 매우 간단하고 기본적인 일처럼 보이지만, 실제로 매일 꾸준히 실행하기까지는 상당한 인내와 노력이 요구되는 일이다.

레지던트 의사들이 가져가는 월급이 대략 400만 원 정도라는 사실을 들어 본 적이 있다. 우리 대부분은 의사보다 더 많은 돈을 벌고 싶어 하지만, 그들만큼의 노력을 기울이기 위해 실제로 행동으로 옮기지는 않는 것 같다. 성공으로 가는 길에는 여러 방법이 있을 수 있으나, 결국 성공의 핵심은 기본을 충실히 하는 것임을 깨닫게 된다.

축구 선수가 공과 더 가까워지기 위해 매일 드리블 연습을 하는 것처럼 사업가들도 뇌가 최적의 상태에서 의사결정을 할 수 있도록 뇌를 잘 관리해야 한다. 그러기 위한 기본이 바로 앞서 언급한 세 가지 활동이다. 아침을 계획하고, 밤에 그날의 일을 돌아보며 글을 쓰는 습관을 시작해 보는 것은 어떨까? 이 작은 변화를 단 한 달만 시도해 봐도 당신은 분명 자신 안에서 긍정적인 변화를 발견할 수 있을 것이다.

13. 성공의 길: 신중함과 대담함 사이에서
(feat. 『손자병법』)

『손자병법』을 통해 배우는 성공의 원칙에 관해 이야기해 보겠다. 『손자병법』이라는 고전에서는 전쟁을 승리로 이끄는 다양한 요인들이 소개되어 있다. 예를 들어, 적을 빠르게 제압하는 것은 대담한 실행력을 의미한다. 반면, 빠르게 제압하려다 숙고 후 공격해 성공했다면 그것은 신중함의 결과다. 그렇지만 서두르다가 오히려 낭패를 본다면 그것은 신중하지 못했음을 뜻하고, 망설이다가 실패한다면 실행력이 부족했던 것이다. 이처럼 성공에는 정답이 없다. 다양한 사례를 통해 배우고 자신만의 노하우를 개발하는 것이 중요하다.

가끔은 놀라운 성공담을 듣게 된다. 페이지 최상단에서 광고 하나로 1억 원을 벌었다는 이야기, 특정 강의를 듣고 대박을 터뜨렸다는 소식, 순이익으로 2,000~3,000만 원을 쉽게 벌었다는 이야기 등……. 하지만 이러한 성공담에 휘둘리지 말아야 한다. 그리고 그것이 진실인지 거짓인지를 파악하려 애쓰는 것보다 그 사례에서 배울 수 있는 점만을 배우는 것이 중요하다.

나아가야 할 방향성을 확실히 설정하고, 거시적인 목표를 가지고 길게 보며 나아가야 한다. 주변의 소음에 휘둘리지 않고 자신의 길을 가는 것이 중요하다. 연 매출 10억 원 이하의 대표들에게는 이러한 말이 와 닿지 않을 수도 있다. 하지만 연 매출 10억 원을 넘어서면 점차 이해하게 될 것이다. 모든 사람에게 크게 귀감이 되지 않더라도 이런 사고방식도 있다는 것을 한 번쯤 생각해 봤으면 한다.

성공으로 가는 길은 한 가지가 아니다. 『손자병법』에서 배우는 것처럼 다양한 상황에서의 대처 방법을 통해 자신만의 성공 전략을 찾아야 한다. 대담함과 신중함 사이에서 균형을 찾고, 실패를 두려워하지 않으며, 끊임없이 배우고 성장하는 자세가 중요하다. 성공의 길은 멀고 험난할 수 있지만, 그 과정에서 배우는 것들이 당신을 더욱 단단하게 만들어 줄 것이다.

이 글을 읽고
마음이 움직인 사람이
한 명이라도 있다면,

나는 그것만으로도
성공했다고 생각한다.

③
사업 운영의 마스터플랜
지속 가능한 성장을 위한 혁신적 비즈니스 전략

1. 가격을 넘어서:
품질과 서비스로 승부하라

종종 우리 회사 제품의 가격이 너무 높다고 지적하는 사람들이 있다. 이에 대해 몇 가지 말하고 싶다. 다들 알다시피 모든 제품을 저렴한 가격에 제공하는 것은 힘든 일이다. 나는 시장 조사를 통해 약 15%의 마진을 더해 적정가에 제품을 제공하려 노력하고 있다. 만약 더 높은 가격으로 판매할 수 있다면 그렇게 하는 것도 좋다. 많은 양을 판매하는 것도 중요하다고 생각하지만 한 개를 판매하더라도 제대로 이익을 낼 수 있는 제품을 고르길 바란다.

우리가 직면한 현실은 최저가 경쟁에서 이기는 것은 불가능하다는 것이다. 직접 굴을 채취해 무침을 만드는 사람들, 곶감을 직접 말려 인터넷으로 판매하는 농부들, 대량의 오이 밭을 사 오이소박이를 제조하는 공장들과 경쟁할 수 있을까? 그 대답은 명확하다. 절대 불가능하다.

초보 사업자 중 일부는 이러한 경쟁자들과 가격으로 경쟁하려고 한다. 하지만 이것은 결코 해서는 안 될 일이다. 가격 경쟁에서 이긴다 해도 결국에는 이익이 전혀 남지 않는 상황에 부딪칠 수 있다. 이는 회계 장부를 통해 명확히 확인할 수 있다.

저렴하게 판매하는 것은 유통업자들이나 할 법한 일이다. 우리는 온라인 사업을 할 때 기본적으로 '판매 마케터'다. 나의 거래처 중에는 1페이지 중 최고가에 제품을 판매하면서도 매일 최고 매출을 갱신하는 사례도 있다. 마진은 대략 20~25% 정도다.

가능하다고 생각하면 실제로도 가능해진다. 반대로 불가능하다고 생각하면 아무것도 이룰 수 없다. 성공한 사람 중에서 자신이 실패할 것이라고 생각한 사람은 없었다.

이러한 결정을 할 수 있는 이유는 우리가 제공하는 제품들의 높은 잠재력을 확보하고 있기 때문이다. 단순히 무작정 제품을 공급하는 것이 아니라 실제로 판매해 보고, 자사 물류를 통해 택배 테스트까지 진행한다. 마진 부분도 마케터들이 15% 정도의 이익을 낼 수 있도록 조정하며, 가격대가 맞지 않을 경우 제로 마진이나 역마진을 감수하더라도 좋은 제품을 공급하고자 노력해야 한다.

이러한 과정을 통해 서로가 성공적인 비즈니스를 운영할 수 있도록 최선을 다해야 한다. 우리 회사의 제품 가격이 높다고 느낄 수 있지만 그 이유는 우리가 제공하는 제품의 품질과 서비스에 있다. 품질 좋은 제품을 제공하는 것은 비용이 많이 들고, 이로 인해 제품 가격이 상승할 수밖에 없다. 하지만 이는 곧 고객의 만족도를 높이고 장기적으로는 더 많은 이익을 창출할 기회가 된다.

또한 나는 제품의 가격 외에도 마케팅 전략에 대한 조언과 지원을 제공한다. 제품을 어떻게 포지셔닝하고, 타깃 고객에게 어떻게 접근해야 하는지에 대한 전략을 공유함으로써 거래처 대표가 시장에서 경쟁력을 가질 수 있도록 도와준다. 이는 단순한 제품 판매를 넘어 브랜드 가치를 높이고 지속 가능한 성장을 이루는 데 중요한 역할을 한다.

마케팅 기법의 활용이 중요하다는 것은 단순히 상품을 판매하는 것을 넘어서 우리의 상품이 왜 더 우수한지, 왜 더 신선한지를 고객에게 효과적으로 전달하는 데 있다. 예를 들어, 우리가 제공하는 오이소박이는 바로 따온 신선한 부추를 사용하고, 고급 소금으로 맛을 내며, 곶감은 자연 바람으로만 말려 인건비가 더 들어간다는 사실들을 소비자에게 알려야 한다.

자본주의 사회에서 이러한 마케팅 전략은 어쩌면 너무나 당연할 수 있다. 관행적으로 보면 시장에서는 이런 점을 강조하는 것이 과장된 것처럼 느껴질 수도 있으나, 이것은 우리 상품의 독특한 가치와 품질을 소비자에게 알리기 위한 필수적인 접근 방식이다.

시중에 나와 있는 여러 제품의 광고처럼, 이를테면 잇몸 건강에 좋다고 알려진 제품들이 실제로 치과 전문가들에 의하면 큰 효과가 없다고 해도, 그 소량의 효과를 마케팅하는 것 역시 마케팅의 하나의 전략이다. 진정한 잇몸 건강을 원한다면 약이 아닌 치과를 방문해야 하듯이 우리의 제품 또한 그 진정한 가치를 알리고, 소비자들이 제품의 진정한 효과를 체험할 수 있도록 해야 한다.

이러한 마케팅 전략은 '마케터'로서 갖추어야 할 필수적인 능력이다. 어떤 상품이든지 판매할 수 있는 능력, 그리고 어려움에 직면했을 때 다시 일어설 수 있는 회복력이 바로 당신이 갖추어야 할 실력이다.

당신의 상품이 가진 진정한 가치를 소비자에게 전달하고, 그 가치를 통해 시장에서 당신만의 독특한 위치를 확립하는 것, 이것이 바로 당신이 추구해야 할 마케팅의 본질이다. 실력을 펌핑해 어떤 상황에서도 성공적으로 상품을 판매할 수 있는 능력을 갖추길 바란다.

2. 매출 증대와 이익 극대화를 넘어서

우리가 사업을 진행하는 근본적인 이유는 무엇일까? 그 이유를 알아야 현재 매출을 올리는 것이 급선무인지, 아니면 이익 극대화를 위한 전략을 모색해야 하는지에 대한 이해가 가능하다.

당신이 지금 열정적으로 상품이나 서비스를 판매하는 동기는 무엇인가? 대다수는 '돈을 벌기 위해서'라고 대답할 것이다. 실제로 대부분의 대표가 그러하다. 이는 잘못된 답변이 아니다. 장기적으로 볼 때 돈을 벌고자 하는 욕구는 변하지 않는다. 하지만 당장의 목표는 무엇인가? 당장 100만 원, 200만 원을 벌어들이는 것도 중요하지만, 그것만이 당신의 사업 목표는 아닐 것이다. 비록 내 말이 절대적인 진리는 아니겠지만 일단 목표를 달성하고 나면 더 큰 매출이 가능함을 직접 느끼게 될 것이다. '나는 월 50만 원에서 100만 원만 벌어도 충분하다'라는 말은, 실제로 그렇게 되면 하지 않게 된다.

여기서 내가 당신에게 묻고자 하는 것은 당신이 무엇을 판매하고 있는지 그 근본적인 이유보다는 그다음 단계로 어떻게 나아갈 것인지에 대한 질문이다. 사업은 멀리 앞을 내다보며 전략을 세우는 싸움이다. 현재 B2B 시장에서 상품을 판매하고 있다면, 그다음 단계는 무엇인가? 많은 사람이 아직 그 단계에 대해 고민하지 않을 수 있다.

사업은 크게 두 가지 관점에서 볼 수 있다. 첫째는 매출, 둘째는 순이익이다. 초보 사업자들은 낮은 매출에서 소액의 이익을 내려고 하지만, 실제로는 매출과 순이익은 함께 갈 수 없는 경우가 많다. 당신의 회사가 대기업이 아니라면 매출 증대와 순이익 증대 사이에서 선택해야 한다. 대부분 순이익 증대를 선택할 것이다. 하지만 매출이 크게 증가하면 낮은 순이익률에도 불구하고 큰 자산을 손쉽게 취득할 수 있다.

이제 당신은 어떤 선택을 하겠는가? 은행은 당신의 순이익이 아닌 매출을 보고 대출을 결정한다. 이 모든 것은 당신의 선택에 달려 있다. 내가 당신에게 조언을 하고 도와주고자 하는 이유다. 사업을 왜 하는지를 이해하는 것은 매우 중요하다. '지피지기면 백전백승'이라는 말처럼 자신의 위치를 정확히 알고 전략을 세우는 것이 사업에서 성공을 거두는 가장 확실한 방법이다.

오늘날의 시장은 변화가 매우 빠르며, 이에 대응하기 위해서는 우리의 사업 전략도 유연해야 한다. 단순히 현재의 매출이나 이익에 만족하지 말고, 더 큰 그림을 보며 미래를 준비해야 한다. 예를 들어, 현재 소규모 사업자라면 어떻게 해야 시장에서 더 큰 영향력을 발휘할 수 있는지, 고객 기반을 어떻게 확장할 수 있는지 고민해야 한다. 이와 동시에 당신의 제품이나 서비스의 질을 어떻게 더 향상할 수 있는지에 대한 방안도 모색해야 한다.

이익 극대화를 위한 전략을 모색하는 과정에서 당신이 제공하는 가치에 대해 다시 한 번 생각해 볼 필요가 있다. 고객이 왜 당신의 상품이나 서비스를 선택해야 하는지, 당신이 고객에게 제공하는 독특한 가치는 무엇인지 명확히 해야 한다. 이를 통해 시장에서 당신의 위치를 더욱 공고히 할 수 있다.

또한 사업에서 성공을 거두기 위해서는 지속적인 학습과 성장이 필수적이다. 새로운 기술, 시장의 변화, 경쟁사의 동향 등을 끊임없이 연구하고, 이를 당신의 사업 전략에 적극적으로 반영해야 한다. 이를 통해 당신은 끊임없이 변화하는 시장 환경 속에서도 경쟁력을 유지하고 성장할 수 있다.

최종적으로 사업의 궁극적인 목표에 대해 생각해 봐야 한다. 단기적인 수익 증대도 중요하지만, 장기적으로 사업을 지속 가능하게 만들고, 브랜드 가치를 높이며, 고객에게 지속적으로 가치를 제공할 수 있는 방안에 대해서도 깊이 고민해야 한다. 이 과정에서 당신은 사업의 본질적인 가치와 목표를 재확인하고, 더욱 견고한 사업 전략을 수립할 수 있다.

이러한 깊이 있는 사고와 전략적인 계획이 결국에는 사업을 성공으로 이끌 것이다. 사업을 하는 근본적인 이유와 그 이상을 추구함으로써 더 큰 성장과 성공을 이루어 낼 수 있다.

3. 위탁판매는 여기까지만

도매몰을 운영하며 매출을 내는 나로서는 이런 말을 하는 것이 나의 이익과 상충하는 것처럼 보일 수 있다. 하지만 내 말을 끝까지 들어 본다면 그 진의를 이해할 수 있을 것이다.

최근 쿠팡이 '로켓그로스(구 제트배송)'를 강력하게 밀고 있다. 반면, 네이버 쇼핑은 어떤가? 트래픽이 점점 줄어들며 메인 키워드

10등 안에 있더라도 하루에 5개 팔릴까 말까 한 상황이다.

이에 네이버는 특단의 조처를 내렸다. 바로 NFA(Naver Fulfillment Alliance: 네이버 풀필먼트 얼라이언스)를 시행한 것이다. NFA는 네이버 3PL 협력 사업을 의미한다. 쿠팡이 제트배송을 자체 물류창고에서 운용하는 것과 달리 네이버는 CJ대한통운, 파스토 등 이미 전국 단위 물류 인프라가 확충된 업체와의 제휴를 통해 대응한다.

이러한 변화 속에서 위탁판매 셀러들의 자리는 점점 줄어들 것이다. 특히, 내가 운영하는 '월억도전'이 취급하는 '식품 카테고리'는 적자 폭을 키우는 주범으로, 규모를 줄이고 있다. 쿠팡의 예를 들어 보자면 2020년에는 '샤인 머스캣' 검색 시 1~2페이지가 '로켓프레시' 상품들로 가득 찼지만, 지금은 1페이지에 5~6개 상품만이 로켓프레시 상품이다.

이런 상황에서 위탁판매를 하고자 한다면 '식품' 카테고리에 집중하는 것이 더 수월할 것이다. 아직 자본금에 여유가 없고, 브랜딩 또는 제트/NFA 당일 배송 시장에 참가하기 어려운 상황이라면 더더욱 식품으로 길을 닦아야 한다.

첫째, 식품으로 돈을 벌고 판매 실력을 기르라. 고객 DB(Data Base)를 수집해 견고한 파이프라인을 구축하면 좋다. 만족한 고객은 다시 돌아온다. 이렇게 실력을 기르고 최소한의 돈 버는 방법을 배워라.

둘째, 기존에 식품을 판매하는 아이디 또는 사업자를 유지하며 파이프라인을 견고하게 만들어라. 그리고 공산품이나 기타 카테고리로 사업 확장을 고려해 보자. 시장에서의 입지를 다지고 나면 다양한 채널을 통해 제품 포트폴리오를 확장하는 것이 중요하다. 이 과정에서 브랜드 인지도를 높이고, 고객과의 신뢰 관계를 강화할 수 있다. 이는 장기적으로 당신의 사업에 큰 이익을 가져다줄 것이다.

셋째, 위탁판매에서 벗어나 자체 브랜드를 구축하고, 직접 판매 전략을 수립하라. 이를 통해 수익성을 높이고, 브랜드 가치를 증대시킬 수 있다. 자체 브랜드를 가지고 있다면 시장 변화에 더욱 민첩하게 대처할 수 있고, 고객의 니즈에 맞춘 제품을 개발해 경쟁력을 갖출 수 있다.

위탁판매는 초기 단계에서는 유용할 수 있지만 장기적인 관점에서 본다면 자체 브랜드 구축과 직접 판매 전략이 더 큰 성장과 수익을 가져다줄 것이다. 특히, 물류와 배송의 혁신을 통해 고객 만족도를 높이는 새로운 판매 전략을 개발하는 것이 중요하다. NFA와 같은 풀필먼트 서비스를 활용해 고객에게 빠르고 효율적인 배송 서비스를 제공할 수 있으며, 이는 재구매율을 높이는 데 큰 도움이 된다.

결론적으로 위탁판매는 단계적으로 접근해야 할 전략이다. 초기에는 시장에 진입하고 자본을 축적하는 데 도움이 될 수 있지만, 장기적으로는 자체 브랜드의 구축과 직접 판매 전략을 통해 더 큰 성공을 이루어야 한다. 이러한 전략적 접근을 통해 지속 가능한 성장을 이뤄내길 바란다.

4. 명절 마케팅 최적화로
제품 포트폴리오 관리하는 법

과일 또는 신선식품이 주 종목인 대표는 명절 상품의 다양성으로 인해 선택에 어려움을 겪고 있는 것으로 보인다. 이때 취할 전략은 대량 등록이 아닌, 효율적인 상품 관리와 집중적인 마케팅에 초점을 맞추는 것이다. 이를 위해 우선적으로 주력해야 할 상품들을 선별하고, 이들에 대한 구매 유도, 트래픽 증가 및 광고 투자를 집중적으로 해야 한다. 다음으로 잠재적인 가능성이 있는 상품들은 상품 등록을 유지하되 광고를 통해 관리하는 방식을 추천한다. 초기에는 소액으로 광고 최적화를 진행하고, 트래픽이 증가하는 시점에 광고 예산을 증액하는 전략을 취하길 바란다.

트래픽 증가를 예측하는 방법 중 하나는 주문량의 폭발적인 증가를 관찰하는 것이다. 이는 상품에 대한 수요가 급증했음을 의미하며, 주로 명절을 2주 앞두고 이러한 현상이 나타난다.

다음은 지난 설 명절에 집중된 상품들과 이 상품에 대한 나름의 팁이다.

레드향	자본금 부족 또는 마케팅 자원의 제한이 있는 경우 피하는 것이 좋다.
천혜향	레드향 다음으로 주목해야 할 상품이지만 마케팅이 다소 요구된다.
한라봉	만감류 중 상위 3위 안에 드는 상품으로 명절 시즌에 광고 효과가 뛰어나다.
곶감	상대적으로 경쟁이 덜해 상위 노출이 용이하며, 가격 경쟁력을 갖출 수 있다.
사과	단기간에 매출을 올릴 수 있는 뛰어난 상품이나 경쟁이 치열하다.
배	잘 팔리지만 자주 간과되는 상품으로, 선물세트로의 활용을 권장한다.
애플망고/ 망고	명절 시즌에 수요가 급증하는 상품으로, 나와 함께라면 공급 문제를 걱정할 필요 없다.

이 외에도 선물세트 계획에 포함될 수 있는 다양한 상품들을 소개하고 있으며, 이러한 상품들은 소규모 광고를 통해 수익성을 유지하면서 운영할 것을 권장한다. 특히 한우 선물세트는 가격 경쟁력이 다소 떨어지더라도 트래픽 증가 시점에 맞춰 노출과 유입을 증가시키면 매출 증가로 이어질 수 있다.

결론적으로 상품이 많다는 것은 관리와 마케팅에 있어서 선택과 집중이 필요함을 의미한다. 중요한 상품을 선별하고 그에 따른 전략을 수립하는 것은 사업 성공을 위해 필수적이다. 상품의 다양성은 고객에게 매력적일 수 있지만, 동시에 대표에게는 관리의 어려움을 초래할 수 있다. 이러한 문제를 해결하기 위해서는 상품 관리의 효율성을 높이고 마케팅 자원을 집중적으로 배분하는 전략이 필요하다. 이를 위해 우리는 먼저 시장에서 높은 수요가 예상되거나 이미 인기가 있는 상품들을 선별해 집중적인 마케팅 활동을 펼치는 것을 권장한다. 이와 함께 잠재적으로 성장 가능성이 있는 상품들은 계속해서 관찰하며, 소액의 광고로 최적화를 시도해 보는 것이 좋다.

이러한 전략을 통해 상품별로 적절한 마케팅 활동을 진행하면 광고 투자 대비 높은 수익을 창출할 수 있다. 예를 들어, 주문량의 급증은 상품에 대한 높은 수요를 의미하는데, 이는 마케팅 전략이 성공적이라는 증거다. 특히, 주문량의 폭발적인 증가가 예상되는 상품의 마케팅 활동을 사전에 강화함으로써 더욱 많은 수익을 얻을 수 있다.

5. 대출: 사업 성장을 위한 전략적 도구로서의 이해와 활용

대출은 사업을 운영하면서 맞닥뜨릴 수 있는 가장 양날의 검 같은 요소 중 하나다. 대출이라는 단어를 들었을 때 각자 어떤 생각이 떠오르는가? 대부분의 사람은 대출을 어려워하는데, 이는 사회 전체에 만연한 부정적인 인식 때문이다. 하지만 올바른 방식으로 대출을 활용한다면 이는 사업 성장의 강력한 도구가 될 수 있다.

대출이라는 용어는 다양한 반응을 불러일으키는 주제다. 사전적 의미로는 '돈이나 물건을 일시적으로 빌려주거나 빌리는 행위'

이며, 이와 관련된 용어로는 대부나 융자가 있다. 영어로는 'loan'이라고 표현하며, 이와 관련된 대표적인 예로는 캐피탈론, 바로바로론 등이 있다.

하지만 대출에 대한 대부분의 인식은 역시 부정적이다. 학창 시절부터 사회생활을 하면서 들어온 부정적인 이야기들로 인해 대출이라는 단어에 대해 많은 사람들이 경계심을 가지고 있다. "대출 받아서 ○○ 하다가는 패가망신한다"라는 등의 말들을 흔히 들어 봤을 것이다. ○○은 주식이 될 수도 있고, 코인이 될 수도 있고, 지금 하는 사업이 될 수도 있다.

그런데 대출이 정말로 일관되게 부정적이기만 할까? '성공'(성공은 여러 가지 가치가 있겠지만, 여기에서 성공은 수십억, 수백억 자산가의 꿈을 이룬다는 말로 정의하자)을 하기 위해서는 '무조건' 대출이 필요하다. 선택이 아니고 '무조건'. 그럼 어떻게 대출을 통해 성공의 길을 걸을 수 있는지에 대해 자세히 설명하겠다.

우선, 비즈니스 세계에서는 자본의 순환 및 확장이 중요한 역할을 한다. 예를 들어 보자. 1억 원의 자본으로 시작해 10%의 수익률을 목표로 한 달간 영업을 한다면? 1달 뒤 1억 원은 1억 1,000만 원, 또 1억 1,000만 원이 1억 2,100만 원이 되어서 돌아올 것이다. 계속 10%씩 증가하게 된다. 결국 1억 원이 1년이 지나면 3억 1,000만 원으로 증가할 것이다. 만약 초기 자본금이 10억 원이었다면 그 수익은 더욱 커질 것이다. 이는 '레버리지(leverage)'라는 개념을 통해 이해할 수 있다. 즉, 타인의 자본을 지렛대처럼 활용해 자기자본의 수익률을 극대화하는 전략이다.

두 번째로, 대출은 시간을 구매하는 행위로 볼 수 있다. 우리는 모두 유한한 시간을 가지고 살아가기에 대출을 활용해 필요한 자본을 빠르게 확보함으로써 시간을 절약할 수 있다. 예를 들어, 자본금을 모으는 데 5년이 걸린다면 대출을 통해 이 기간을 대폭 줄일 수 있다.

세 번째로, 낮은 금리로 대출을 받을 수 있다면 이는 승리하는 전략이 될 수 있다. 그래서 나는 나랏돈이나 1금융권 저금리의 대출은 받을 수 있으면 반드시 활용해야 한다고 믿는다. 대출을 통해 현재의 자본을 활용할 수 있을 뿐만 아니라 물가 상승률을 고려했을 때 실질적인 이득을 얻을 수 있기 때문이다. 쉽게 말해 지금 당장 1억 원을 빌리고, 나중에 5,000만 원을 갚으면 된다. 자, 중요한 이야기는 지금부터다.

여기서 "아니! 내가 1억 원을 빌렸으니까 1억 원을 갚는 거지, 무슨 5,000만 원을 갚는 거야?"라고 할 수 있다. 하지만 잘 생각해 봐라. 10년 전 짜장면 가격이 어땠나? 감이 잘 안 온다면 20년 전으로 돌아가 보자. 짜장면 가격이 어땠나? 새우깡은? 정확하게는 모르겠지만 지금보다 엄청나게 저렴했을 것이다. 아마 새우깡은 900원 정도 했던 것 같다. 지금은 어떤가? 비슷한 사이즈라고 한다면 2,000원은 당연히 넘을 것 같다.

이 사례를 보면 한 해도 빠짐없이 물가는 오른다는 것을 알 수 있다. 이것을 알 수 있는 지표가 CPI(Consumer Price Index: 소비자 물가 지수)다. 이 CPI 지수는 단 한 번도 마이너스 지표인 적이 없으며, 현 자본주의 구조상 앞으로도 마이너스일 수 없다. 왜 그럴까?

현 자본주의 체제는 지속적으로 '현금'을 찍어 낼 수밖에 없는 구조다. 돈을 찍어 내고 최소한 태워 없애 버리지는 않으니 지속적으로 화폐의 유통량이 늘어날 것이다. 화폐의 유통량이 늘어나면 늘어날수록 상대적으로 물건의 가치는 떨어지게 된다. 희소성의 원리에 따라 당연한 이치다.

화폐, 즉 우리가 흔히 아는 지폐는 경기 상황에 따라 무한히 찍어 내고 경기가 어려울 때는 덜 찍어 낸다. 그러니 어쨌든 화폐는 계속해서 유통될 수밖에 없다. 즉, '찍어 낸다 → 화폐의 유통량이 늘어난다 → 햄버거가 1,000원이었는데, 갑자기 2,000원이 된다'. 그럼 내 대출은? 이제 중요한 부분이다. 내 대출은? 예를 들어, 2024년에 1억 원을 빌렸고, 2030년에 1억 원을 갚아야 한다고 해 보자. 현시점에서는 1억 원으로 아파트 1채를 살 수 있다. 하지만 시간이 흘러 2030년에는 1억으로는 아파트 1채를 도저히 살 수 없다. 이렇듯 1억 원에 대한 미래 가치가 매년 점점 떨어지게 된다. 현시점에서 빌린 1억 원은 2030년도에는 그 가치가 5,000만 원 정도로 떨어지는 셈이다.

그러면 나는 분명 1억 원의 가치가 있는 자본을 빌렸는데,

5,000만 원의 가치가 있는 자본을 갚으면 되는 셈이다. 물론, 은행도 이것을 모르지 않기 때문에 '금리'라는 것을 책정해 두고 돈에 가격을 매긴다. 그렇지만 금리에 대한 이자는 매달 조금씩 나누어 낸다.

다시 말해 이자를 감당할 수 있는 비즈니스 모델 구축만 된다면 대출은 무조건 승리하는 그림이다. 물가 상승률이 연간 2%일 경우 1%의 낮은 금리로 대출을 받아 투자한다면 실질적인 이익은 1%가 된다. 이처럼 낮은 금리의 대출은 경제적으로 매우 유리한 선택이 될 수 있다.

네 번째로, 대출은 위험 관리 도구로도 활용될 수 있다. 예를 들어, 사업을 확장하고자 할 때 전부 자신의 자본으로 투입하는 것보다 일부를 대출로 조달함으로써 위험을 분산시킬 수 있다. 이는 실패의 위험을 줄이면서도 사업의 성장 가능성을 탐색할 수 있는 방법이다.

특히 신용보증재단, 신용보증기금, 중소벤처기업진흥공단(중진공) 같은 저금리 대출은 무조건 활용해야 한다. 대출은 패가망신이라는 말은 고금리 대부업체를 이용할 때나 해당하는 말이며, 실력 있는 대표라면 리스크를 낮추고 리턴을 극대화하는 방법을 잘 알고 있을 것이다.

그러므로 대출에 대해 부정적인 인식만을 가지고 있었다면 이제 한걸음 더 나아가 대출의 긍정적인 측면을 고려해 보기 바란다. 자신의 재정적 목표를 달성하기 위해 대출이 어떻게 도움이 될 수 있는지, 그리고 어떻게 현명하게 대출을 관리할 수 있는지에 대해 심도 있는 고민을 해 보길 권한다.

6. 과일 위탁판매의 달콤한 유혹: 단기 성공과 지속 가능성 사이에서

과일 위탁판매로 캐시카우를 구축하는 것은 정말 매력적인데, 특히 이 분야에 처음 발을 딛는 사람들에게는 더욱 그렇다. 과일별 시즌에 맞춰서 제대로 히트를 치면 1억 원, 2억 원 매출을 손쉽게 달성할 수 있다.

그러나 이 시장은 단기적인 플레이가 많아서 지속적으로 에너지를 쏟아부어야 하는 어려움이 있다. 매번 변하는 품목들 때문에 재미있긴 하지만, 그 안정성이 결여되어 있다는 느낌을 받을 수 있다. 나 같은 대표가 계속해서 상품을 소싱하고, 상위 노출을 시키고, 판매를 하고, 다시 빠져나가는 과정을 반복해야 한다.

그래서 과일만으로 온라인 사업을 지속하기에는 분명 어려움이 있다. 식품군으로 스토어를 갖추고 브랜딩을 해서 고객 DB를 모으는 사람들은 또 다른 이야기겠지만 말이다.

이런 맥락에서 파이프라인을 하나 더 추가하는 것을 강력히 추천한다. 그리고 그 방법으로는 빠른 배송 시스템을 활용하는 것이라고 생각한다. 현재 가장 핫한 것이 바로 '제트배송'이다. 하지만 제트배송으로 마진 구조가 엄청나게 좋아지는 걸까? 예를 들어 보겠다. 어떤 상품이 쿠팡에서 3개 구성으로 8,900원에 판매되고 있다고 가정해 보자. 중국 공장에서 우리 물류창고로 입고되는 가격이 부가세 포함 3,000원이라고 해 보자.

그전에 부가세 계산 방법을 한 번 볼까? 8,900원에 판매한다면 부가세는 8900 - (8900/1.1) = 810원 정도를 내야 하는 금액으로 계산된다. 매입가가 부가세 포함 3,000원이라면, 3000 - (3000/1.1) = 약 280원은 환급받을 수 있는 부가세 금액이다. 결국, 내야 하는 부가세는 530원이 된다. 이제 여기서 얼마를 남길 수 있는지 계산해 보자.

판매가	-	수수료	-	매입가	-	부가세	=	순수익
8,900	-	8,900*55%	-	3,000	-	530	=	475원

여기서 중요한 것은 제트배송 창고로 입고하는 물류비가 아직 계산에 포함되지 않았다는 것이다. 이건 정말 큰 문제 아닌가?

부피가 작아서 물류비가 많이 들지 않을 것이라고는 생각되지만, 한 개 팔 때 475원만 남는다면 이익이라고 보기 힘들다. 판매가를 올리거나 매입가를 낮춰야 할 필요가 있다. 하지만 매입가를 2,000원 이하로 낮추는 것은 거의 불가능할 것으로 보인다.

그렇다면 판매가를 올리는 전략을 써야 한다. 3개짜리 구성을 4

개로 늘리고 판매가를 1만 원 이상으로 설정하면 수수료율도 크게 줄어들 것이다. 이렇게 하면 마진 구조를 크게 개선할 수 있다.

그러나 온라인에서 1억 원을 팔아서 4,000~5,000만 원을 남기는 것은 정말 쉬운 일이 아니다. 아니, 거의 불가능에 가깝다. 1억 원을 팔았을 때는 가능할지 몰라도 그게 2억 원, 3억 원이 될 때도 가능할까?

김승호 회장의 『돈의 속성』이라는 책에 "월에 1억 원을 번 사람은 차고 넘친다. 하지만 매달 1억 원씩 버는 사람은 찾아보기 어렵다"란 구절이 나온다. 4,000억 자산가인 김승호 회장의 날카로운 통찰력이 드러나는 구절이다. 그러니 유튜브에서 보는 허구와 허상에 속지 마라. (물론 나도 허구와 허상을 집어넣을 생각은 없고, 최대한 솔직하게 말하려고 한다.)

이 이야기의 핵심은 과일 위탁판매를 통한 온라인 사업이 단기간에 큰 수익을 창출할 수 있는 매력적인 분야임에도 불구하고, 그 지속 가능성에는 다소 의문이 든다는 것이다. 특히, 계절에 따라 변화하는 과일의 종류와 시장의 수요를 예측해 제때 대응하는 것은 이 분야에서 성공하기 위해 필수적인 요소다. 하지만 이러한 변동성이 곧 매력이자 동시에 큰 리스크로 작용할 수 있다.

또한 과일 위탁판매에는 단순히 상품을 소싱하고 판매하는 것을 넘어 고객의 니즈를 정확히 파악하고, 브랜딩과 마케팅 전략을 세워야 하는 복합적인 작업이 포함된다. 고객 DB를 구축하고 관리하는 것은 장기적으로 사업을 성장시키기 위한 핵심 요소다. 이를 통해 고객의 충성도를 높이고, 재구매율을 증가시킬 수 있다.

제트배송과 같은 빠른 배송 시스템을 도입하는 것은 온라인 사업에서 큰 경쟁력을 가질 수 있다. 하지만 배송비용과 같은 추가적인 비용을 고려하지 않고, 단순히 판매가 조정만으로 이익을 극대화하려는 시도는 한계가 있다. 따라서 판매 전략을 다각화하고, 비용 효율적인 방법을 모색하는 것이 중요하다.

『돈의 속성』에서 언급된 바와 같이 단기간에 큰 수익을 올리는 것과 지속적으로 안정적인 수익을 창출하는 것은 전혀 다른 문제다. 많은 사람들이 단기간에 큰 이익을 꿈꾸지만, 실제로 지속 가능한 사업 모델을 구축하는 데에는 큰 노력과 전략이 필요하다. 이러한 맥락에서 과일 위탁판매 사업에 도전하려는 사람들은 단기적인 성공에만 집중하기보다는 장기적인 비전을 가지고 접근하는 것이 중요하다.

결국 과일 위탁판매를 포함한 모든 온라인 사업은 변화하는 시장과 소비자의 니즈에 민감하게 반응하면서도, 지속 가능한 성장을 위한 전략을 세우는 것이 성공의 열쇠다. 이를 위해서는 끊임없는 시장 조사, 고객과의 소통, 그리고 유연한 비즈니스 모델 개발이 필요하다.

7. 의미 없는 위탁판매······ 진짜 안 하느니만 못하다

위탁판매가 나쁘다는 것이 아니다. 위탁판매로 1년에 300억 원을 버는 사람도 있고, 혼자서도 월 1,000만 원, 2,000만 원을 버는 사람도 있다.

위탁판매로도 성공할 수 있다. 돈? 당연히 벌 수 있다. 하지만 그렇게 해서는 안 된다. 바로 그 이유를 지금부터 설명하겠다.

나도 도소매업자로서 이런저런 검색을 많이 한다. 어느 날 한 도매 사이트에서 상품을 봤다. 그리고 그 제목 그대로 쿠팡에서 검색해 봤더니 역시나 도매 사이트에 올라온 제목 그대로 나와 있었다. 그래서 해당 셀러의 상품 페이지를 들어가 봤는데, 의미 없는 대량 등록뿐이었다. 누적 판매순으로 봐도 리뷰 두 개가 전부였다. 이런 식으로 사업을 할 거면 시작도 하지 마라.

내가 상품 수(SKU: Stock Keeping Unit)를 천천히 늘리는 이유를 아는가? 나도 거래처가 엄청 많다. 축산, 수산, 농산 할 것 없이 200~300군데는 넘는다. 이 업체에서 취급하는 상품 하나씩만 올려도 200~300개의 아이템은 채울 수 있다. 하지만 그러면 경쟁력이 전혀 없어진다. 그대로 가져다 올리면 누구나 같은 대량 등록 업자가 되는 것이다.

나는 물류에서 취급할 수 있는지, 취급할 수 없다면 가격 경쟁력이나 물류 경쟁력을 갖출 수 있는 요인이 무엇인지, 마케터들이 내가 제공하는 공급가에 가져가서 네이버/쿠팡 등 오픈마켓에서 수수료를 제하고도 15~20%의 이익을 남길 수 있는지 등을 모두 종합적으로 판단한다. 25~30% 이상을 버는 것은 그들의 능력이다. 어디서 물건을 떼 와도 마찬가지다. 원청에서 떼 왔다고 해서 30%를 남길 수 있을까? 아니다. 결국 콘텐츠를 어떻게 구성하느냐가 관건이다.

아메리카노를 7,000~8,000원에 파는 핫플레이스를 생각해 보자. 왜 그 돈을 주고 스타벅스가 아니라 거기를 갈까? 똑같은 시장조사와 함께 콘텐츠를 돋보일 수 있는 사진 촬영은 필수로 해야 한다. 그냥 올라온 대로 올리는 것이 아니다.

예를 들어, 망고를 판매한다고 해 보자.
① 망고 1등 판매자가 얼마에 파는지,
② 평균 시장가는 얼마인지,
③ B2B 공급가는 얼마이며, 15~20% 이상의 마진이 있는지,
④ 있다면 시장성이 있는지 판단하고, 없다면 왜 그런지 등을
  종합적으로 판단해야 한다.

그리고 상품 기획부터 다시 구성해야 한다. 썸네일이나 상세페이지도 당신의 입맛대로 바꿔야 한다. 그저 그런 복붙(복사+붙여넣기) 등록은 절대 안 된다. 우리의 퓨어스펙 블랙라벨 오렌지를 올

려도, 왜 우리 것이어야만 하는지 고민해야 다른 상품도 가능하다. 꼭 명심하라.

그리고 사진을 변경할 리소스가 없다 하더라도, 최소한 상품 설명은 자신만의 언어로 바꿔야 한다. 단순히 복사 붙여넣기로 상품 정보를 올리는 것은 사업에 있어서 아무런 가치도 창출하지 못한다. 오히려 소비자들에게 당신의 브랜드가 세심함이나 창의성이 없다는 부정적인 인상을 줄 수 있다. 또한 소비자들은 제품에 대한 자세한 정보와 그 제품이 자신의 필요와 어떻게 부합하는지 알고 싶어 한다. 단편적인 정보나 다른 곳에서 그대로 옮겨온 듯한 설명으로는 이러한 소비자의 기대를 충족시킬 수 없다.

또 하나 중요한 것은 상품을 판매할 때 그것이 얼마나 독특하고, 고객의 관심을 끌 수 있는지를 고려해야 한다는 점이다. 단순히 물건을 판매하는 것이 아니라 그 상품이 갖고 있는 스토리, 그리고 그것을 사용함으로써 고객이 얻을 수 있는 경험까지 고려해야 한다. 이것이 바로 고객이 당신의 제품을 선택하는 이유다. 그렇기 때문에 상품 설명에는 제품의 기능뿐만 아니라 그 제품을 사용했을 때의 느낌이나 고객이 얻을 수 있는 가치 등을 포함하는 것이 중요하다.

이 모든 것은 상품을 단순히 판매하는 것이 아니라 브랜드 가치를 전달하고, 고객과의 신뢰를 구축하는 과정이다. 그리고 이렇게 신뢰를 구축하고 나면 고객은 단순히 한 번 구매하는 것에 그치지 않고, 장기적인 관계를 유지하면서 반복 구매를 하게 된다. 따라서 상품 페이지를 구성할 때는 이러한 점들을 꼭 고려해서 본인만의 독특한 스토리와 가치를 전달할 수 있도록 노력해야 한다.

결론적으로 위탁판매를 통해 성공을 거두기 위해서는 단순히 상품을 등록하고 판매하는 것 이상의 노력이 필요하다. 상품의 독특함을 강조하고 고객이 그 제품을 통해 얻을 수 있는 가치와 경험을 제시하는 것이 중요하다. 그렇게 함으로써 당신의 브랜드는 시장에서 돋보일 수 있고, 고객과의 신뢰를 구축하는 데에도 큰 도움이 될 것이다.

8. 쿠팡의 덫, 논란을 넘어 상생으로 나아가는 길

최근 '쿠팡 문제'가 이슈라 한 번 이야기해 보려고 한다. 요즘에는 '쿠팡 탈출은 지능 순?!'이라는 말까지 나오고 있다. 참, 재미있는 세상이다.

먼저, 한 가지 팩트를 말하자면 쿠팡의 갑질은 앞으로 더 심해질 것이고 쿠팡을 이용하는 한 벗어날 수 없다는 것이다. 그럼에도 불구하고 수요자들이 많기 때문에 쿠팡을 손에서 놓을 수는 없을 것 같다.

자본주의는 '한정된 자원'을 누가 더 많이 가져가느냐의 싸움이다. 그렇기 때문에 자본주의에서 '상생'이라는 말은 어느 정도 모순된 말이 된다. 월억도전 내에서의 상생이란 결국 누군가의 한정된 자원을 빼앗는 형태일 수밖에 없다.

이런 이유로 쿠팡 본사와 셀러들 사이에서는 '상생'보다는 '갑을 관계'가 형성될 수밖에 없다. 예를 들어, 얼마 전 쿠팡이 CJ에 엄청난 갑질을 한 사례가 있다. '햇반'이라는 키워드로 검색했는데, 1위에 '곰곰밥'이 떴다. 햇반은 카테고리가 아니라 브랜드 고유명사다. CJ는 얼마나 화가 났으면, 개인적으로 D2C(Direct to Customer: 유통 단계를 거치지 않고 소비자에게 직접 제품을 판매하는 방식) 채널을 만들었을까? 심지어 삼성도 하이마트로부터 갑질을 당했다고 하니 대기업도 예외가 아니다.

그럼, 이제 해결책을 같이 찾아보자. 쿠팡의 갑질에서 벗어날 방법은 무엇일까? '자사몰을 만든다' 혹은 '쿠팡이 제발 달라고 하는 브랜드를 만든다.' 슬프게도 이외에는 방법이 없어 보인다. 여러분은 이 중 어느 것을 완벽하게 해낼 자신이 있는가? 자신이 없다면 현실을 인정해야 한다. 개 같이 벌어도 정승같이 쓸 수 있다는 말처럼 우리 가족들이 굽히고 살지 않도록 해야 한다.

쿠팡의 갑질을 당연하다고 생각하고, 그들의 행보를 잘 따라가야 한다. 그들을 욕하기보다는 당연하다고 받아들이고, 뒤에서 몰래 칼을 갈아야 한다. 자사몰을 준비해도 좋고, 좋은 상품을 준비해도 좋다. 또한 각종 뉴스나 로직 변화에 기민하게 움직여 시장 상황에 더 빠르게 대응해도 좋다. 분명한 것은 쿠팡은 아직도 노다지고 쉽다. 너무 쉬워서 눈물이 날 지경이다. 그러니 다음과 같은 점을 명심해야 한다.

① 쿠팡의 갑질을 당연한 이치로 인정하고 받아들인다.
② 그들이 세우는 정책안에서 최대한 이익을 얻어 낸다.
③ 다음 스텝을 준비한다.

가장 먼저 해야 할 것은 '인정'이다. 대부분의 셀러들은 쿠팡을 욕하며 탈쿠팡을 외치지만, 이제 이 책을 읽은 당신과 같은 월억 도전 대표들은 조금 다른 관점에서 생각하면 좋겠다.

9. 회계장부, 사업가의 필수품: 내 돈의 행방을 추적하라

사업을 시작하면서 가장 크게 후회한 것이 있다면 바로 회계장부를 만들지 않았던 것이다. 다시 시작할 수 있다면 이건 정말 꼭 할 거다. 당신은 사업의 순이익이 월에 얼마나 되는지 정확히 알고 있는가? 아마 대부분 "음…… 한 500만 원 정도?"와 같이 감으로만 파악하고 있을 것이다.

하지만 정말 중요한 것은 이번 달 순이익이 513만 500원이라

194

고 말할 수 있을 정도로 구체적으로 아는 것이다. 사업이 커지면 커질수록 단순히 감으로는 파악할 수 없는 순간이 온다. 그때 필요한 것이 바로 회계장부다.

회계장부를 만들기가 어렵다고 생각하는가? 그렇지 않다. 단지 'RAW 데이터', 즉 가공되지 않은 날것의 데이터를 잘 정리해 두기만 하면 된다. 통장 내역을 잘 살펴보고, 이 돈이 매입인지 매출인지 구별만 해 주면 되는 것이다.

예금주	입금	출금	비고	내용
주식회사 A 농장		1,000,000	매입	5월 31일 샤인 머스캣 매입
쿠팡(주)	5,000,000		매출	쿠팡 정산금
네이버(주)	2,000,000		매출	네이버 정산금
네이버페이		2,000,000	광고 선전비	네이버 CPC 광고비 충전

예를 들어, 통장에 정산된 매출을 보면 이미 판매된 대금이 조금 늦게 들어온 것이라 정확하지 않을 수 있다. 하지만 내가 지출한 금액은 정확하게 꼬리표를 달 수 있다. 특히 '네이버페이'라고 적힌 출금 내역은 그때그때 '내용'을 기록해 두지 않으면 나중에 이게 광고비인지 아니면 200만 원짜리 게임기를 산 금액인지 알 수 없게 된다.

초보 셀러들은 아직 거래 내역이 많지 않아서 쉽게 파악할 수 있지만, 월 100건만 넘어가도 바로 헷갈리기 시작한다. 지금 당장 1억 원의 매출을 내는 것도 중요하지만 제대로 정리하지 않으면 그만큼 쉽게 손실을 볼 수 있다. 회계장부 작성법은 정말 중요하기 때문에 차후에 더 자세히 알려 주겠다.

단 한 건의 매출이라도 있는 대표라면 지금부터 장부 작성 연습을 시작하라. 결국 부자가 되는 사람은 돈에 꼬리표를 잘 단 사람이다. 실제로 내가 사업하면서 가장 후회했던 것이 회계장부를 만들지 않았던 것이다. 매출보다 더 중요한 것은 내 돈이 어디로 가고 있는지 아는 것이다. 실행만이 답이다. 지금이라도 늦지 않았으니 꼭 회계장부를 만들어라. 사업이 망하는 건 괜히 망하는 것이 아니다. 거의 90%는 내 돈이 어디 갔는지 모르고, 가랑비에 옷 젖듯 서서히 손실을 보는 것이다. 꼭 장부 작성을 습관화하라.

10. 위기 속에서 찾는 기회: 빠르게 캐치하고 기민하게 움직이자

지난해 8월, 서초 고속버스터미널에서 식칼 두 개를 든 남성이 체포되었다는 뉴스가 있었다. 세상이 요즘 어떻게 돌아가는지, 정말 아찔하다. 나도 한숨이 절로 나왔다. 이런 일들이 벌어지고 있는 현실 앞에서 우리는 또 어떤 생각을 해야 할까? 사업을 하는 우리로서는 사회 현상을 다른 각도에서 바라보는 눈도 필요하다.

요즘 사람들이 '호신용품'을 얼마나 검색하는지 아는가? 이런 불안감이 높아지는 시기에는 1인 셀러들이 빠르게 움직여야 한다. 항상 잘 팔리는 상품은 이미 다른 이들이 먼저 자리 잡고 있는 경우가 많다. 그리고 무노동의 수익을 꿈꾸는 사람이 있다면 대기업 회장님도 일을 하니 그 생각은 넣어 두길 바란다.

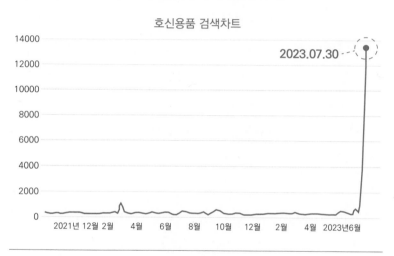

호신용품 검색차트

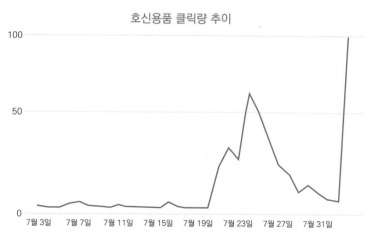

호신용품 클릭량 추이

호신용품 시장에 뛰어드는 것은 지금 단계에서는 위험할 수도 있다. 마스크 시장처럼 말이다. 내가 말하고 싶은 것은 얼마나 빠르고 기민하게 움직여야 하는지에 대한 것이다.

자신을 보호하려는 욕구는 시간이 지나도 쉽게 사라지지 않을 것이다. 특히 상류층 사람들 사이에서 더욱 두드러질 것이다. 나도 요즘 돈을 좀 벌게 되면서 부쩍 더 오래 살고 싶다는 생각이 든다. 서울에 멋진 집에 살면서 롤스로이스나 벤틀리를 타고 다니고 싶은데, 이런 상황에서 어떻게 안전을 지키나 싶다. 그래서 호신용품 시장은 더 커질 것이고, 방검에 대한 욕구도 커질 것이다. 하지만 방검복을 입거나 목에 뭔가를 두르는 것은 사회적으로 좀 이상하게 보일 수 있다. 그래서 다른 방법으로 이 문제를 해결할 필요가 있는 것이다.

묻지마 칼부림에서는 단 5초만 버티면 된다. 그 5초를 지켜 줄 수 있는 제품이 있다면 그야말로 대박이다. 예를 들어, 방검이 되는 메리야스나 속옷, 목을 잠시 보호할 수 있는 제품 말이다.

이런 상황이 매우 불안하고 이런 걱정을 해야 하는 세상에 화도 나지만 월억도전을 함께 하는 나와 당신 같은 사람은 이런 불안과 화를 사업가적 시각에서 이해하고 어떻게 하면 이윤을 창출할 수 있을지를 고민해야 한다. 벌써 누군가 시작했을지 모른다. 지금부터 당장 고민하고 실행하라. 그것이 내가 말하는 사업가 정신이다.

11. 시즌을 넘어서:
신선식품 판매에서 스테디셀러로의 전환

신선식품 판매를 하는 사람이라면 이런 생각을 한 번쯤은 해 봤을 것이다.

'신선식품 판매는 좋긴 한데, 이번 달이 지나면 또 다른 상품을 찾아 마케팅에 나서야 하나…… 연중 안정적으로 팔 수 있는 상품은 없을까?'

맞는 말이다. 신선식품은 시즌성이 강하기 때문에 검색 트래픽이 순식간에 치솟기 마련이다. TV나 각종 매체에서 자연스럽게 홍보해 주는 덕분에 소비자들은 제철 상품에 더욱 관심을 두게 된다. 하지만 그 상품의 시즌이 끝나면 다시 다음 상품을 준비해야 하는 숙제가 기다리고 있다. 이는 특히 신선식품 판매 초보자들에게는 피할 수 없는 숙명이다. 그러나 영원히 초보자로 남을 수는 없는 법이다.

그렇다면 초보자의 굴레를 벗어나려면 어떻게 해야 할까? 바로 스테디셀러를 소싱하는 것에서 시작한다. 특히 빠른 배송에 적합한 상품을 찾는 것이 중요하다. 빠른 배송 시장에는 네이버와 같은 거대 기업도 뛰어들었고, 쿠팡 로켓배송의 인기는 말할 것도 없다. 재구매율이 높고 고객 풀 확보가 쉬운 식품 카테고리를 OEM(Original Equipment Manufacturer) 방식으로 운영하는 것이 유리하다. 식품이라고 해서 다 상할 것이라 걱정하지 마라. 로켓프레시와 같은 서비스는 냉장 냉동 배송이 가능하다.

어떻게 하면 좋은 상품을 OEM 할 수 있을까? 생각보다 간단하다. 참기름이나 들기름을 예로 들어 보자. 먼저 네이버나 쿠팡에서 참기름을 검색해 보라. 리뷰가 좋고 가격도 합리적인데 노출이 적은 업체를 찾는다. 그리고 그 업체가 직접 운영하는지, 도매인지 확인한 뒤 제조업체를 찾아내라.

제조업체를 찾았다면 샘플을 시켜보고 OEM이 가능한지 문의해 보라. 최소 수량이 얼마인지도 알아보는 것이 중요하다. 때로는 겸손한 태도가 더 큰 도움이 된다. 큰소리치기보다는 실제로 판매량이 얼마나 될지 모르겠지만 열심히 팔아보겠다고 말하는 것이 더 잘 통한다.

OEM 계약이 성사되면 귀찮은 일은 모두 당신이 해내야 한다. 스티커 제작부터 시작해 가능하다면 직접 물건을 가져와서 판매하는 것이 좋다. 판매량이 점점 늘어나면 업체에서도 점점 더 협력적인 태도를 보일 것이다. 이 모든 과정을 거쳐 제품을 준비하고, 판매량을 늘려 가는 것이 바로 초보에서 벗어나 중수로 거듭나는 길이다.

나는 이미 식품 OEM을 준비하고 10여 가지의 상품 SKU를 가지고 있지만, 이를 B2B 시장에 공개하지는 않을 예정이다. 대표들이 직접 판매하는 것이 브랜딩에 더 의미가 있다고 생각하기 때문이다. 결국, 안정적인 스테디셀러를 배치하는 것이 초보에서 벗어나 중수로 넘어가는 데 필요한 핵심이다.

12. 온라인 커머스의 다이아몬드 찾기: 식품 판매로 금맥을 캐다

판다랭크를 운영하는 박재현 대표님과의 비즈니스 미팅이 있었다. 판다랭크는 온라인 셀링에 도움이 되는 정보를 제공하는 플랫폼이다. 판다랭키 박재현 대표님은 이전에 '루무드'라는 인테리어 소품 업체를 운영했고, 한때는 유튜버 구 신사임당의 온라인 판매를 도와줬을 정도로 엄청난 능력자다.

판다랭크 대표님의 비전도 뜻깊었지만 나는 무엇보다 판다랭크가 가진 힘에 주목했다. '골드러시'라는 말을 들어 봤는가? 말 그대로 금을 찾기 위해 사람들이 몰려든 그 현상 말이다. 상상해 보라. 19세기 캘리포니아 주 새크라멘토(Sacramento) 근처에서 엄청난 금광이 발견되었다는 소식이 전해지자 미국인들이 줄줄이 일을 때려치우고 금을 찾으러 몰려들었다. 이게 무슨 난데없는 골드러시냐고? 처음 듣는다면 정말 뜬금없이 들릴 수도 있다.

그런데 재미있는 사실은 실제로 금을 캔 사람들은 그리 많지 않았다는 것이다. 그렇다면 정작 돈을 번 사람들은 누구였을까? 바로 금광 옆에서 '곡괭이'를 팔았던 사람들이었다.

지금 시대에 온라인 커머스가 바로 그 '금'이라고 한다면 그 옆에서 도와주는 판다랭크 같은 서비스가 바로 '곡괭이'라고 할 수 있다. "아니, 자기가 온라인 커머스를 하면서 곡괭이가 돈이 된다고? 이게 대체 무슨 소리야?"라고 생각할 수도 있겠지만, 식품 판매를 금과 완벽하게 동일시하는 것은 아니다. 온라인 커머스를 광산에 비유한다면 식품 판매는 그 속의 다이아몬드 같은 존재라고 생각한다. 다른 카테고리보다 훨씬 쉬운 것은 사실이니까.

곡괭이 사업을 하고 싶다면 도전해 보는 것도 좋다. 하지만 커머스(commerce)나 사업에 대한 경험이 전혀 없이 곡괭이만을 생각하는 것은 그리 간단한 일이 아니다. 내가 권하는 것은 커머스를 통해 그중에서도 프로세스 경험이 비교적 쉬운 식품 판매를 통해 일련의 과정을 직접 경험해 보는 것이다. "이게 정말 돈이 될까?" 하고 생각한다면 계속해 보라. Keep Going! 그리고 "이것도 좋지만 다른 것도 해 보고 싶다"라는 생각이 든다면 곡괭이 사업을 고려해 보는 것도 나쁘지 않다. 시야를 넓히고 주어진 상황에서 최선의 결정을 내리기 위해서 오늘도 치열하게 고민해야 한다. 결국 이 모든 이야기가 내가 하고 싶었던 말이다. 당신이 돈을 벌어야 나도 존재할 수 있으니까.

13. 좋은 직원이란?:
제대로 된 주문을 해야 음식이 맛있다

사업을 이끌다 보면 늘 따라오는 고민이 한 가지 있다. 바로 직원 채용에 대한 고민이다. 재택근무든, 사무실 근무든, 직원을 언제 어떻게 뽑아야 할지, 그리고 좋은 직원을 찾는 방법에 대해 많은 사람들이 물어본다.

먼저 직원을 언제 뽑아야 하는지에 대한 답은 사실 정해진 것이 없다. 순이익이 얼마인지에 기준을 두는 것은 말이 안 된다. 중요한 것은 사업 확장이며, 당신의 시간을 충분히 확보할 수 있다면 그때가 바로 직원을 뽑을 때라고 생각한다. 특히 1인 셀러로서 한 달에 200~300만 원이 아닌 1,000만 원 이상을 벌고 싶다는 목표가 있다면 더더욱 그렇다. 만약 순이익이 300~400만 원 이상이 되지만 매출 정체기에 처했다면 그것은 더 이상 혼자서는 감당하기 어렵다는 신호일 수 있다. 이때 직원을 뽑음으로써 새로운 힘을 얻고 사업을 더욱 확장할 기회를 가질 수 있다.

하지만 좋은 직원을 바로 찾는 것은 쉽지 않다. 처음부터 완벽한 직원은 없으며 중요한 것은 당신이 직원들을 어떻게 이끌어 가느냐다. 직원이 일을 잘한다는 것, 그것이 무엇인지 생각해 봤는가? 말하지 않아도 알아서 잘하는 사람? 있을 수도 있겠지만 당신이 원하는 연봉대에서 그런 사람을 찾기는 거의 불가능하다.

그렇다면 초반에는 어떻게 해야 할까? 1~3명 정도의 직원을 뽑을 때 불평불만 없이 시키는 일을 잘 해내는 사람들이 필요하다. 하지만 여기서 함정이 있다. 많은 사람들이 처음 직원을 뽑을 때 그들이 일을 제대로 못 한다고 느끼는데, 사실은 당신이 제대로 일을 시키지 못하는 것일 수도 있다.

일을 잘 시키기 위해서는 업무를 매우 상세하게, 그리고 마감 기한을 명확히 해서 주어야 한다. 아내가 남편에게 쓰레기를 버리라고 할 때 '6시까지'라고 구체적으로 말하면 남편은 그 일을 해내기 쉽다. 업무도 마찬가지다.

결국, 초반에 좋은 직원을 찾는 것보다는 좋은 대표가 되는 것이 중요하다. 업무를 피곤할 정도로 자세하게 주고, 마감기한을 명확하여 직원들이 일을 잘할 수 있도록 해야 한다. 그렇게 할 때 비로소 당신의 시간도 편해지고 회사도 빠르게 성장할 수 있다.

직원들과 함께 성장하며 사업을 확장해 나가는 여정은 결코 쉽지 않지만 세심한 관심과 노력을 기울이면 분명 성공할 수 있다.

14. 노하우를 레시피화하라

(feat. 『함무라비 법전』)

인류 역사를 훑어보면 정말 많은 이야기가 존재하지만 그중에서도 『함무라비 법전』에 관한 이야기가 특히 눈에 띈다. 다들 알

다시피 『함무라비 법전』은 'Written', 즉 글로 쓰인 법이라는 의미를 담고 있다. 이 법전을 기점으로 법치는 엄청난 발전을 이루게 되었다. 이전에는 그림이나 벽화 같은 시각적 방법으로 표현되던 것들이, 이제는 언어를 통해 명확하게 전달된 것이다. 예를 들어, "사람을 죽이면 똑같이 죽어야 한다"라든지, "눈에는 눈, 이에는 이"라고 명시화함으로써 이전에는 추상적이고 애매했던 부분들을 깔끔하게 정리했다. 이런 변화는 법치의 큰 발전을 가져왔다.

이처럼 글을 쓴다는 것이 얼마나 큰 가치가 있는지 역사를 통해서도 분명히 알 수 있다. 그리고 이는 사업에도 동일하게 적용된다. 결국 우리는 써야 한다는 것이다.

요리할 때도 비슷한 상황을 마주하곤 한다. 예를 들어, 김치찌개는 어떻게 만드는지 모두 알고 있을 것이다. 하지만 정말로 '알긴 아는데…… 이걸 어떻게 설명하지? 그냥 대충 김치를 넣고 감으로 해야지……'라고 생각하게 되는 순간이 있다. 이처럼 '감'에만 의존해 사업을 하면 장기적으로 크게 성장하기 어렵다.

그래서 그 노하우를 각자의 방식으로 표현해내야 한다. 즉, Part 1에서 언급했듯이 노하우를 레시피화해야 한다. 상세페이지를 만드는 전략이 무엇일까? 머릿속에 떠다니는 그 아이디어들을 어떻게 정리할까?

나는 개인적으로 이런 노하우들을 나만의 방식으로 표현하는 작업을 주기적으로 한다. 예를 들어 '불쌍한 척', '많이 팔린 척'으로 밴드왜건 효과(유행에 따라 상품을 구입하는 소비 현상)를 이용하는 것 등의 모든 것을 '나만의 방식으로 레시피화'한다고 표현하고는 한다. 결국, 잘 써야 잘 써먹을 수 있다. 글로 정리하려고 하면 생각보다 쉽지 않지만 나름대로 잘 안다고 생각했던 것들이 써 보니 논리 구조상 오류가 있는 것처럼 보이기도 한다. 그렇기 때문에 레시피화는 필수다.

지금부터라도 각자의 노하우를 하나씩 레시피화해 보는 것은 어떨까? 분명 사업에도 큰 도움이 될 것이다.

사업을 어떻게
현명하게 관리할지
심도 깊은 고민을
해보길 바란다.

4
변화하는 시장에서의 성장 기회
새로운 플랫폼부터 정책 활용까지

1. '올웨이즈'의 등장과 쿠팡의 전략 변화: 새로운 플랫폼의 기회 탐색

사람들이 왜 쿠팡을 그렇게 열심히 이용한다고 생각하는가? 대부분 '빠른 배송'을 첫 번째 이유로 꼽겠지만, 사실 '가성비'도 무시할 수 없는 요소라는 것을 알고 있는가? 물론, 빠른 배송 덕분에 쿠팡이 급성장한 것은 부인할 수 없는 사실이다. 하지만 최근 제조사와 유통사로부터의 수수료 인상 압박으로 인해 쿠팡에서 판매되는 상품들의 가격이 전반적으로 상승하고 있다. 이러한 변화는 쿠팡을 이용하는 소비자들에게 그다지 반가운 소식이 아니다.

쿠팡은 원래 '소비자 중심의 플랫폼'이라는 명성을 가지고 있었다. 그 중심에는 빠른 배송과 무조건적인 반품 정책이 있었다. 이두 가지 정책은 소비자들에게 큰 호응을 얻었지만, 공급사 입장에서는 그리 반가운 정책이 아니었다. 빠른 배송은 풀필먼트 시스템을 구축해 공급사에 대한 수수료 압박을 심화시켰다. 반품 정책은 특히 공급사에게 상당히 부담스러운 조건이다. 하지만 이런 정책들 덕분에 쿠팡은 순식간에 성장할 수 있었다.

그런데 최근에는 제조사, 유통사, 그리고 공급사에 수수료 인상 정책을 통해 전반적인 가격 상승을 유발하고 있다. 이런 상황이 과연 소비자에게 유리한 것일까, 아니면 공급사에게 유리한 것일까? 나는 셀러로서 쿠팡의 소비자 중심 정책이 항상 마음에 들지는 않았지만, 그 배경에는 이해할 수 있는 부분도 있다. 쿠팡이 이 정도 규모로 성장하기 위해서는 그런 정책들이 필요했던 것이다. 하지만 지금은 어떤 심각한 오판을 하는 것 같다. 쿠팡이 흑자 전환을 달성한 것도 이런 수수료 인상분 덕분이 아니었을까 하는 생각이 든다. 물론, 이것이 쿠팡을 완전히 외면하라는 의미는 아니다. 다만, 너무 쿠팡에만 의존하는 것은 좋지 않을 것 같다고 생각한다.

한편, 나는 최근에 매우 주목받고 있는 플랫폼인 '올웨이즈'와 관련된 인터뷰에 참여했다. 이 인터뷰는 올웨이즈의 상위 셀러 몇 팀만을 대상으로 한 극소수 인터뷰였고, 올웨이즈가 앞으로 어떤 방향으로 나아갈지에 대한 대략적인 이해를 도울 좋은 기회였다. 올웨이즈는 기존의 고인물 MD 운영 방식에서 벗어나 로직 AI를 통해 최적화하는 새로운 방식을 채택하고 있다. 이러한 변화와 함께 다양한 마케팅 활동을 통해 투자금을 사용하고 있지만, 이 플랫폼의 놀라운 MAU(Monthly Active Users)와 거래량 성장세는 분명 주목할 만하다. 만약 당신이 초보 셀러라면 올웨이즈에 도전해 보는 것도 좋은 생각이다. 현재 쿠팡, 네이버, 올웨이즈 이 세 가지 플랫폼에 집중하는 것이 좋은 전략이 될 수 있다.

2. 단기 고수익의 미신: 지속 가능한 성장으로의 전환

그럼 높은 매출과 고수익 창출에 관해 이야기해 보겠다. 이 주제는 많은 사람들 사이에서 끊임없는 논란의 대상이 되고 있으며, 그 실현 가능성에 대해 의문을 품는 이들이 많다.

"과연 이러한 방법이 실제로 존재하는가? 만약 존재한다면 어떻게 그 길에 접근할 수 있는가?"

이러한 질문들이 당신의 마음속에도 자리 잡고 있을 것이다. 하지만 당신이 기대하고 있는 바와는 다소 차이가 있는 답변을 하려 한다. 나는 이러한 방법이 실제로 존재하지 않으며, 심지어 존재해서도 안 된다고 강하게 믿고 있다.

현대 사회, 특히 유튜브와 같은 플랫폼에서는 다소 이상한 방법론을 제시하며, 단기간에 고수익을 약속하는 강사들이 우후죽순처럼 등장하고 있다. 이러한 현상은 인간이 본능적으로 단기적인 이득을 추구하는 성향이 있기 때문이다. 원시 시대에는 "당장 눈앞에 있는 음식을 잡아야 한다"라는 생각이 생존과 직결되었기 때문에 이러한 본능이 우리의 DNA 속에 깊숙이 자리 잡고 있다. 원시 시대에는 생존을 위해 매일 투쟁해야 했고, 그런 면에서 단기적인 이득을 추구하는 것이 필수적이었다.

그러나 현대 사회에서는 이러한 본능이 꼭 필요하지는 않다. 우리는 더 이상 생존을 위해 직접적으로 싸우거나, 누군가의 것을 빼앗거나, 음식을 숨겨 먹을 필요가 없다. 그럼에도 불구하고 많은 사람들이 여전히 단기간에 고수익을 얻고자 하는 유혹에 쉽게 빠져들고 있다. 이는 장기적인 관점에서 볼 때 자신에게 손해를 끼칠 수 있는 선택이다.

따라서 'A Bad Choice', 즉 단기적인 이득을 추구하며 실패 확률이 높은 선택에 배팅하는 것을 피하라는 메시지를 던지고 싶다. 이것이 비현실적이라고 느껴질 수 있지만, 사실 이것은 매우 중요한 조언이다. 고통과 수익은 비례한다는 사실을 기억하라. 단기간에 고수익을 얻으려는 시도는 종종 큰 손실로 이어질 수 있다. 장기적인 관점을 가지고, 꾸준히 노력하고, 실질적인 가치를 창출하는 방향으로 나아가야 한다. 이것이 바로 내가 당신에게 주는 가장 중요한 메시지다.

3. 글쓰기의 힘:
기업 리더십에서 발견한 성장의 열쇠

최근 아코르앰배서더코리아의 전임 사장이었던 권대욱 회장님과의 만남이 이루어졌다. 아코르앰배서더코리아는 프랑스에 본사를 두고 있는 아코르 그룹의 일부로, 소피텔, 반얀트리, 그랜드머큐어, 노보텔, 이비스와 같이 전 세계적으로 인지도 높은 호텔 브랜드들을 관리하는 기업이다. 이러한 대기업이 어떠한 어려움에 직면하고 있는지 궁금했기에 한 번쯤은 꼭 만나 뵙고 싶었다.

회장님과의 대화를 통해 인력 관리가 모든 기업이 공통으로 마주하는 큰 도전임을 알게 되었다. 회사의 성장과 몰락을 결정짓는 것이 결국 인간이라는 사실에서 인적 자원의 중요성을 다시 한 번 깨닫게 되었다. 나 역시 작은 규모의 기업을 운영하며 비슷한 문제에 직면해 있었기 때문에 이러한 공감대가 형성되었다.

특히 인재 선발 과정에서 가장 중요하게 여기는 것이 무엇이냐는 내 질문에 권대욱 회장님은 '품성'이라고 강조했다. 면접을 통해 후보자의 품성을 어느 정도 파악할 수는 있지만, 그것만으로는 충분하지 않다고 했다. 후보자의 글쓰기 스타일이나 SNS 활동을 통해 그들의 성향과 품성을 70% 이상 파악할 수 있다고 말씀하셨다. 이는 후보자가 어떤 주제에 대해 어떻게 생각하고, 그들의 의견을 어떻게 표현하는지를 보여줄 수 있기 때문이다.

이러한 대화를 통해 글쓰기의 중요성을 다시 한 번 실감하게 되었다. 사업을 하든, 개인적인 목표를 추구하든, 자기 생각을 명확하고 논리적으로 표현할 수 있는 능력은 무엇보다 중요하다고 생각한다. 이는 글쓰기를 통해 키워질 수 있는 능력이다.

따라서 간단한 제안을 하고자 한다. 블로그 작성이든, 손으로 쓴 일기든, 일주일에 한 번이라도 글쓰기를 실천해 보라. 이 작은 습관이 당신의 커뮤니케이션 능력을 향상할 뿐만 아니라 인생을 바꾸는 데도 큰 도움이 될 수 있다. 이 작은 실행으로 큰 변화를 이루어 보길 바란다.

4. 오프라인과 온라인의 조화: 과일 사업의 새로운 전략

현대 사회가 디지털화되면서 온라인 판매의 매력은 더욱 부각되고 있다. 이러한 변화 속에서 나는 내가 직접 겪은 오프라인 사업 준비 과정과 그 과정에서 얻은 깨달음에 대해 이야기하고 싶다. 과일 판매를 시작하려고 할 때 과일 로스 처리를 포함해 여러 준비 사항을 검토하며 프랜차이즈와 다양한 업체들을 조사했다. 그 과정에서 나는 중요한 질문을 하게 되었다.

"이 정도 매출로 생계를 유지할 수 있을까? 온라인 사업이 쉬웠던 거구나!

실제로 과일 관련 업종을 조사해 보니 매출 수익은 기대에 못

미쳤고, 소득의 대부분이 인건비로 지출되는 상황이었다. 그나마 나오는 수익으로 본인의 인건비조차 충당하기 어려운 상황이었다. 그럼에도 불구하고 인테리어나 보증금 등 초기 투자 비용으로 최소 4000~5000만 원은 필요했다. 성공하는 사례도 있지만 대다수는 확장성이 부족하다는 결론에 이르렀다.

오프라인 사업은 현금 흐름이 빠르고 수익 구조가 상대적으로 좋다는 장점이 있다. 하지만 지역 기반으로 운영되기 때문에 매출이 제한적이고, 가게를 닫으면 수익이 전혀 발생하지 않는다는 큰 단점이 있다. 또한 확장성이 낮아 성장의 한계를 느낄 수 있다.

반면, 온라인 사업은 시간과 공간의 제약을 받지 않아 언제 어디서나 사업을 운영할 수 있다는 큰 장점이 있다. 가게를 닫는 시간에도 매출이 발생하며, 확장성이 무한하다는 점에서 매력적이다. 그러나 플랫폼 수수료가 높고, 치열한 경쟁 속에서 순이익률이 낮아질 수 있다는 단점이 있으며, 오프라인 사업에 비해 현금 흐름이 느릴 수 있다.

나 역시 온라인 사업을 통해 성장해 왔기 때문에 월 매출 1,000만 원대의 수익이 납득되지 않았다. 물론, 개별 점주의 역량에 따라 차이는 있겠지만, 온라인 사업의 편리함과 시스템의 장점을 재고해 볼 필요가 있다. 잠을 자는 동안에도 매출이 발생하는 것은 정말 매력적인 요소다.

	오프라인	온라인
장점	• 현금 흐름이 빠르다. • 온라인보다 수익 구조가 좋다.	• 업무에 있어 시공간의 제약이 없다. • 가게를 닫아도 매출이 있다. (잘 때도 매출이 발생한다) • 무한한 확장성이 있다. (월 매출 1억 원까지는 어렵지 않다)
단점	• 지역 기반의 장사이므로, 매출이 낮을 수 있다. (상대적) • 확장성이 떨어져 매장을 여러 개 갖고 있지 않으면 매출이 지극히 제한적이다. (확장에는 큰 비용이 들어감) • 가게를 닫으면 매출도 없다.	• 플랫폼 수수료가 세고, 경쟁이 치열해 순이익률이 낮다. (오프라인 20% 대/온라인 10% 대) • 현금 흐름이 늦다.

그럼에도 불구하고 오프라인에서 해결해야 할 일들은 여전히 존재한다. 나는 월 매출 3,000~4,000만 원 이상, 순이익 25%대를 목표로 설정하고, 이러한 목표를 달성하기 위해 오프라인 사업과 온라인 사업의 장단점을 균형 있게 평가하며 사업 전략을 수정해 나갔다. 예를 들어, 과일 판매 사업을 진행하면서 로스 발생을 최소화하기 위한 전략을 세웠고, 이를 위해 선별된 공급업체와의 협력 관계를 강화했다. 또한 온라인 판매 채널을 활용해 재고 관리의 유연성을 높이고, 고객에게 더 넓은 선택권을 제공함으로써 매출 증대를 꾀했다.

이 과정에서 중요한 것은 오프라인 사업만의 특성을 살린 마케팅 전략을 개발하는 것이었다. 예를 들어, 지역 사회와의 연계를 통한 프로모션 활동이나 고객과의 직접적인 소통을 통해 신뢰를 구축하는 것이다. 이를 통해 오프라인 사업은 온라인 사업이 제공하지 못하는 가치를 고객에게 제공할 수 있다.

또한 온라인 사업을 운영하면서 배운 디지털 마케팅 기술을 오프라인 사업에 적용하는 것도 중요하다. 소셜 미디어 광고, SEO, 이메일 마케팅 등을 통해 오프라인 사업의 가시성을 높이고, 더 넓은 고객층에 도달할 수 있었다.

결론적으로 오프라인 사업과 온라인 사업은 서로 다른 장단점을 가지고 있으며, 이 두 세계의 장점을 결합하는 것이 중요하다. 물론, 이 과정에서 많은 시행착오와 노력이 필요하겠지만, 결국 오프라인 사업과 온라인 사업의 조화를 통해 성공적인 사업 모델을 구축하는 것이 급변하는 환경에 적응하는 최선의 선택이라 생각한다.

5. 사업 성공의 열쇠, 정책 자금 100% 활용 전략

사업을 하면서 절대 실패하지 않는 비법 중 하나인 '정책 자금 100% 활용법'에 대해 깊이 있게 이야기해 보려고 한다. 매년 연초가 되면 정부나 국가기관에서는 소상공인이나 스타트업을 지원하기 위해 다양한 지원 사업과 정책 자금을 내놓는다. 이미 연초가 지났다고 생각할 수 있지만, 사실 정책 자금을 제대로 이해하고 활용하는 방법을 배우는 것은 언제라도 늦지 않다. 이러한 지원은 우리가 사업을 성장시키고 위기를 극복하는 데 큰 도움이 될 수 있기 때문이다.

국가기관에서 지원하는 돈은 크게 지원금과 대출, 이렇게 두 가지 유형으로 나눌 수 있다. 지원금은 실제로 국가에서 우리 사업에 직접적으로 지급하는 금액을 의미한다. 예를 들어, 예비 창업 패키지나 초기 창업 패키지와 같은 프로그램들은 신생 기업이나 스타트업에 초기 자본을 제공해 그들이 사업을 시작할 수 있도록 돕는다. 하지만 이러한 지원금은 일반적인 도소매업이나 서비스 업종에서는 지원받기가 상대적으로 어렵다. 그렇기 때문에 특히 스타트업을 시작하려는 사람이나 특정 사업 분야에서 혁신을 추구하는 기업에 권장된다. 또한 지원금을 받았다면 그 사용처에 대한 명확한 계획과 증빙이 필요하다는 점을 반드시 기억해야 한다.

대출은 국가기관이나 금융기관으로부터 일정 기간 동안 일정 금리로 돈을 빌리는 것을 의미한다. 특히 소매업 사업자들에게는 국가기관 대출이 큰 도움이 될 수 있는데, 그 이유는 몇 가지로 요약할 수 있다. 첫 번째로, 이러한 대출은 시중은행의 대출보다 훨씬 저렴한 금리를 제공한다. 두 번째로, 신용대출로는 얻을 수 없는 더 큰 한도의 대출을 받을 수 있다. 마지막으로, 일정 조건을 만족시키면 비교적 쉽게 대출을 받을 수 있어 사업 운영에 필요한 운전자금이나 시설자금을 확보할 수 있다. 대출은 직접 대출과 대리 대출로 나뉘며, 대출금액에 따라 선택할 수 있는 기관이 달라지므로 사전에 잘 알아보고 준비하는 것이 중요하다.

직접 대출의 경우 국가에서 직접적으로 대출금을 통장에 넣어준다. 중간 유통 다리를 거치지 않는다는 말이다. 예를 들어, 소상공인진흥공단(소진공)에서 진행하는 일부 대출사업 건, 중소벤처기업진흥공단에서 진행하는 대부분의 정책 자금이 직접 대출이다. 직접 대출의 경우 중간 은행이 없기에 대리 대출보다 저금리다.

대리 대출은 국가에서 보증을 서고 시중은행이 그 보증서를 담보로 돈을 빌려주는 형태다. 이 경우 시중은행이 돈을 유통하기 때문에 기준금리에 시중은행 마진이 붙고, 보증서 수수료도 따로 있다. 예를 들어, 신용보증재단, 신용보증기금, 기술보증기금 등이 있다.

대출금액으로 따지자면 다음과 같이 나눌 수 있다.

1억 원 이하	신용보증재단(대리 대출 100%) 소상공인진흥공단(직접 대출 60~70%+나머지 대리 대출)
1억 원 초과	신용보증기금(대리 대출 100%) 중소벤처기업진흥공단(직접 대출 60~70%+나머지 대리 대출)

즉, 우리가 매출이 높지 않다면 1억 원 이하의 신용보증재단 및 소진공의 문을 두들겨 볼 수 있는 것이다.

물론 대출의 종류에 따라 운전자금이냐 시설자금이냐로 나눌 수 있지만 앞의 경우는 모두 운전자금에 대해 말한 부분이다(운전 자금은 사업을 운영하는 데 필요한 모든 사업자금을 말한다. 매입/인건비 등).

시설자금은 난이도가 있는 자금으로 당신이 시설자금을 찾아볼 시기가 되면 아마 기관사업에 대해서는 이미 누구보다 고수가 된 상태일 것이다.

대출을 받을 때는 해당 자금을 어떻게 효율적으로 사용할 것인 가에 대한 명확한 계획이 필요하다. 또한 자신의 사업이 어떤 상 태에 있는지, 재정 상태가 어떠한지를 정확하게 파악하는 것이 중 요하다. 이는 대출을 받기 전에 자신의 사업에 대한 철저한 분석 과 평가를 의미한다. 사업의 장단기 목표, 수익성, 재정적 안정성 등은 대출을 받기 위한 필수적인 조건들이다. 이런 평가를 통해 대출이 실제로 사업에 도움이 될 수 있는지를 판단할 수 있으며, 불필요한 빚을 지는 것을 방지할 수 있다.

또한, 정책 자금을 활용할 때는 해당 자금이 제공하는 조건이나 요구사항을 정확히 이해하고 준수하는 것이 중요하다. 예를 들어, 일부 지원금은 특정 지역에서 사업을 운영하거나 특정 기술을 개 발하는 데 사용되어야 할 수 있다. 이러한 조건들을 충족하지 못 할 경우, 지원금을 반환해야 할 수도 있다. 따라서 정책 자금을 신 청하기 전에는 모든 조건을 꼼꼼히 검토하고, 사업 계획에 맞춰 가장 적합한 지원 사업을 선택하는 것이 중요하다.

정책 자금 활용의 성공적인 사례를 찾아보는 것도 매우 유익하 다. 다른 기업들이 어떻게 정책 자금을 사용해 사업을 성장시켰는지, 어떤 어려움을 겪었는지를 이해함으로써 자신의 사업에 적용할 수 있는 전략을 세울 수 있다. 이러한 사례들은 정책 자금을 활용하는 방법에 대한 실질적인 통찰을 제공하며, 동시에 피할 수 있는 함정에 대해 경고한다.

마지막으로 정책 자금을 활용하는 과정에서는 전문가의 조언을 구하는 것이 매우 중요하다. 정책 자금에 관련된 법률, 조건, 절차 등은 복잡하고 다양하기 때문에 전문가의 도움을 받음으로써 실수를 줄이고, 자금 활용의 효율성을 높일 수 있다. 전문가는 또한 사업계획서 작성, 자금 사용 계획, 신청 절차 등에 대한 구체적인 조언을 제공할 수 있으며, 이는 사업의 성공적인 발전에 큰 도움이 될 것이다.

Q&A
지피지기면 백전백승,
과일도 사업도 아는 만큼 성장한다

Q. 시간 관리를 어떻게 해야 할까?

　A. 나는 혼자서 시작했기 때문에 1인 기업을 기준으로 답하겠다. 1인 대표라면 상세페이지/썸네일/촬영/가구매 등 모든 것을 혼자 해야 한다. 그럼, 시간상으로 굉장히 부담스러울 것이라 생각된다. 그래서 직원을 뽑게 되는 경우가 많은데…… 사실 1인 셀러의 경우 안정감 있게 사업을 플레이하는 경우가 극히 드물다. 따라서 나 같은 경우 업무 리스트를 정리해 두고 아웃소싱을 준다 (직원을 뽑게 되면 고정비라는 아주 큰 리스크가 생기게 되므로 리스크를 헷지할 수 있는 주된 방법이다).

　예를 들어, 업무 리스트를 ①에서 ⑩까지 작성하면 다음과 같다.
① 촬영
② 썸네일 수정
③ 가구매
④ 발주
⑤ C/S 전화

그러고 나서 여기서 쉽게 아웃소싱할 수 있는 것들은 아웃소싱한다. 예를 들어, 가구매가 너무 귀찮다. 그러면 가구매만 할 수 있는 인원을 시간당 2만 원을 주고 뽑자. 당연히 계속 근무하는 것이 아니고, 알바몬이나 알바천국, 기타 구인 어플에 '20시에서 21시까지 2만 원/엑셀 가능자' 등의 원하는 요건 맞춰서 올려 두면 정말 하루 만에 뽑을 수 있다. 이런 식으로 비용을 절감하면서 최대한 내 시간을 세이브할 수 있는 방면으로 움직이면 좋다. 또는 오전 발주가 귀찮다. 그러면 1시간 정도 사람을 쓰면 된다.

물론 Re-Check는 당연히 해야겠지만, 당신의 시간을 세이브하는 것이 더 중요하다. 직원을 뽑기보다는 일단 '아웃소싱'으로 움직이고 시간을 최대한 효율적으로 이용하라. 10인 이하 기업의 경우 당신이 플레이어가 되는 경우가 많지만, 중장기적으로 당신은 디렉터가 되어야 한다. 당신은 히딩크이지 박지성이 아니다.

Q. 매출도, 반응도 없어 일하기 싫다. 어떻게 극복할까?

A. 가끔 그럴 때 있지 않나? 일 하기 싫고, 번아웃이 오고, 그냥 아무 생각 없이 쉬고 싶고, 남들과 자신을 비교하게 되고, 이게 지금 맞는 것인가 하는 생각이 들고…….

나 또한 이런 순간이 찾아오면 성장하면서 당연히 겪는 아픔이라 여겨 시간이 약이라 생각하고 넘겼다. 그러나 그냥 시간이 약이라고 넘기기에는 너무 주기적으로 찾아오더라. 그래서 그 원인이 뭘까? 지속적으로 고민하던 찰나에 나만의 해답을 찾았다. 바로 '성장'이라는 키워드에 있다. 우리는 성장이 정체되면 스스로에게 철학적인 질문을 던진다. 그리고 남들과 비교한다.

'○○ 업체는 잘하는데 나는 왜 이러지?', '○○은 매출이 얼마라던데⋯⋯.'

'대표님, 요즘 어떠세요?', '나만 힘든 거 아니죠?'

'사업의 본질은 이게 아닌데⋯⋯ 내가 가는 방향이 맞는 걸까?'

스스로를 구렁텅이에 밀어 넣고, 해답 없는 철학적인 질문을 지속적으로 한다. 고민한다고 답이 나오나? 인터넷만 주야장천 검색한다고 답이 있나?

주문 1개로도 신났던 그때를 생각해 보라. 도파민에 중독되어 설레던 그 시절을. 지금의 모든 고민은 '성장이 침체'해서 나오는 현상임을 잊지 말아라. 따라서 스스로에게 철학적인 질문을 할 때에는 성장지표를 설정하고 억지로라도 끌고 가라. 실행은 필수다.

인터넷 검색은 줄이고, 남과 비교하지 마라. 인스타그램도 줄이고. 억지로 광고를 돌려서라도 매출을 만들어 내고 어떻게 해서든 성장하라. 그리고 성장에 대한 결과치가 만족스럽다면 스스로를 미친 듯이 칭찬하라.

카레이서들은 1등으로 결승선을 통과하고 단상에 올라가면 샴페인을 터뜨리며 미친 듯이 축하하는 문화가 있다. 이는 카레이서들로 하여금 성장에 대한 도파민을 지속적으로 추구하게 만든다고 한다. 즉, 성장에 대한 결과물을 너무 당연하게 생각하지 말고 스스로에게 미친 듯한 칭찬을 해 주어라. 사랑하는 사람과 근사한 저녁 식사를 한다든지, 고급스럽고 호화스러운 호텔에 간다든지 하는 방법으로. 저녁에 맥주파티를 하는 것도 방법이 될 수 있다. 사치를 부리라는 것이 아니다. 가용한 선에서 도파민에 흠뻑 젖을 수 있게 스스로를 도와주어라.

정리해 보자. 성장이 침체되면 남과 비교하고 스스로에게 답이 없는 철학적인 질문만 계속 한다. 이럴 때에는 절대적으로 내 스스로의 성장에만 집중하라. 성장을 했다고 느껴질 때 스스로가 또는 주변에 누군가가 도파민을 만끽할 수 있도록 미친 듯한 칭찬을 해 주어라. 그럼, 어제와 달라진 오늘의 나 자신을 만날 수 있다.

Q. 스마트스토어에 제품을 올리는 팁이 있나?

A. 가장 어려운 질문이다. 많은 사람이 이 부분에서 막혀서 앞으로 못 나갈 것이라는 생각이 든다. 유입이 없다는 것은 곧 노출이 안 된다는 뜻이다. 노출만 되면 유입은 무조건 된다.

강남역 1번 출구 앞이라면 썸네일(가게 외관)이 이상해도 유입은 있다. 이런 것처럼 온라인에서의 상위 노출이란 강남역 상권으로의 노출이라고 봐도 무방하다. 오프라인과 달리 온라인은 두 가지 방법이 있다.

① 월세를 낸다. 그리고 광고비를 지불한다.

② 자연 랭킹을 높인다(나는 Organic Ranking이라는 표현을 쓴다).

여기서 대부분 궁금해 하는 것은 아마도 ②번일 것이다. ①번은 돈만 있으면 되는 부분이니까. 네이버에서 Organic Ranking 자체를 높이는 방법은 여러 가지가 있다. 기본적으로 1페이지까지 끌어올리는 방법은 '비정상적 트래픽 유입'이다.

하지만 1페이지 상단까지 노출하려면 '비정상적 트래픽 유입'만으로는 해결되지 않는다. 네이버뿐 아니라 모든 플랫폼에서 상위 노출을 시켜 주는 가장 근간이 되는 로직은 ① 유입, ② 전환, ③ 고객 만족이다. 여기서 유입은 비정상적인 트래픽 유입으로 해결할 수 있다. 하지만 전환과 고객 만족은 그렇지 않다. 전환은 구매지수, 고객 만족은 리뷰로 치환할 수 있다. 요즈음 네이버의 경우 가구매에 대한 대대적인 단속이 있기 때문에 쉽사리 구매지수와 고객 만족을 조작할 수는 없다. 실제 구매를 일으켜야만 상단에 노출시킬 수 있다. 따라서 네이버는 상당히 어렵다. 정말 전략적으로 움직여야 한다.

반대로, 쿠팡은 어떨까? 자기 밥그릇만 건들지 않으면 모든 다 허용해 주는 분위기다. 다만 소자본 개인 판매자로서 대금 정산 문제가 큰 진입장벽 중 하나다. 판매가 잘 되어도 문제인 것이다. 당시 나는 주변 지인에게 돈을 빌려 결제를 했다. 이렇게 대금 문제만 해결이 가능하다면 쿠팡에 먼저 도전해 보라. 정말 쉽다.

Q. 구매로 이어지지 않는 가짜 트래픽, 대처 방법이 있나?

A. 상품의 판매량이 적다면 새롭게 상품 등록을 하는 것을 추천한다. 이런 경우를 많이 보진 못했지만, 간혹 트래픽이 잘 먹히는지 실행사에서 테스트하기 위해 아무 상품이나 선정해 테스트하는 경우도 있다고 한다. 그리고 트래픽이 있고 구매가 이루어지지 않아도 순위가 쭉쭉 뒤로 밀리진 않는다. 기본적으로 트래픽이 있으면 순위가 1페이지까지는 올라가고 트래픽 없이는 여전히 1~2페이지 진입까지는 어렵다. 그래서 나도 트래픽으로 기본 밑 작업을 한다. 따라서 트래픽을 통해 실제 유효타가 찍히고 상단에 올라간다는 것은 사실 좋은 일이긴 하지만 트래픽만 가지고는 1페이지 1~10등은 사실상 불가능에 가깝다. 만약 제재 없이 유효하다면 크게 걱정하지 않아도 될 것 같다.

Q. 쿠팡에서 상품 순위를 정확히 체크하는 방법이 있나?

A. 나는 순위를 3가지 방법으로 체크하고 있다.
① 파이어폭스 사생활모드로 데이터/쿠키 캐시 다 삭제 후 확인
② 파이어폭스 사생활 모드 → m.coupang.com으로 확인
③ 휴대폰에서 쿠팡 어플을 삭제한 후 재설치해 확인

모두 순위가 다르지만 어느 정도 노출도가 잡힌다면 신뢰할 수

있다. 다만 m.coupang.com과 휴대폰 쿠팡 어플 삭제 후 보는 방법이 가장 정확한 것 같다. 일반 coupang.com으로 파이어폭스에서 보게 되면 새로고침할 때마다 순위가 바뀐다. 이것은 쿠팡 플랫폼 특성 때문에 어쩔 수 없이 벌어지는 현상이다. 쿠팡은 확률 싸움이기 때문에 고정된 순위가 없다. 시간대, 지역 위치, 휴대폰 아이피에 따라 순위가 바뀐다.

만약, 내 상품이 3가지 방법 모두 사용 시 1페이지 상단에 노출된다면 다른 사람들에게도 그렇게 노출될 확률이 높을 것이다. 원래 10%였다면, 80% 확률로 노출 빈도가 높아지기 때문에 클릭 확률이 상당히 높아지고 그에 따라 절대적인 전환 수가 높아질 수밖에 없을 것이다.

Q. 한 해의 시작과 마무리를 담당하는 인기 과일이 있다면 무엇인가?

A. 대한민국에는 사계절이 있다. 그중 추석과 설날이 포함된, 한 해의 끝과 시작을 책임지는 봄과 겨울에 특히 사랑받는 과일을 소개한다.

① 봄 베스트

• 블랙라벨 오렌지: 3, 4월은 역시 오렌지! 수입 과일이라 가격 및 상위경쟁이 치열하긴 하다. 그만큼 수요가 있다는 뜻이다.

- 카라카라 오렌지: 특별하게 잘나가지는 않지만, 키워드가 어렵지 않아 초보들이 접근하기 수월하다. 하루 5~10개 정도의 발주를 노리는 사람들에게 최고의 파트너다.
- 대저 짭짤이 토마토: 2월부터 미리 자리 잡는다면 5월까지 쭉 갈 수 있는 상품이다. 워낙 키워드가 세고 수요도 많기 때문이다. 하루 50개 이상 발주를 띄우고 싶은 사람들은 도전해 보라.
- 참외: 참외는 3월부터 진짜 시작이다. 경쟁자도 많지만, 그만큼 수요도 많아서 상당히 재미있다.
- 망고스틴: 망고스틴은 가격이 비싸지만 점차 가격이 내려가면서 접근성이 좋아진다. 4월부터는 가격이 안정세에 접어드니 수요도 꽤 괜찮은 품목이다.
- 무지개 망고: 4년 전 처음 수입된 망고. 지금은 인지도가 좀 생겨서 마니아층이 있는 것 같다. 아주 센 키워드는 아니지만 하루 10개 정도 판매량을 노려 보기에는 충분하다.
- 레드향, 천혜향: 이런 만감류는 이제 '선물용'보다는 '가정용'처럼 저렴한 옵션이 잘나갈 것이다. 올해도 경기가 어렵기 때문에 고가의 전략보다는 1,000원이라도 더 저렴한 것이 먹히는 상황이다. 그렇다고 5%씩 남기면서 팔면 절대 안 된다. 안 하느니만 못하다. 최소 15%, 마진으로는 4,000~5,000원 정도 생각하고 판매해야 미래가 있다.
- 애플망고: 명절 이후 가격이 내려가 소비자들이 선물이 아니

고도 쉽게 접할 수 있는 가격대가 된다. 가격이 내려가니 수요가 늘어나는 것은 당연한 경제원리.

② 겨울 베스트

- 부사 사과: 미쳐버린 검색량…… 판매자들이 너무 많아 경쟁이 치열하다. 더군다나 사과는 경매장에서 '못난이' 시장 역시 꽤 크다. 그래서 저렴하고 상태 괜찮은, 쓸 만한 못난이로 시장을 저격하면 승산이 있다.

  정품은 kg당 만 원이 넘어가는데, 약간 흠이 있는 상품 같은 경우 kg당 반값에 시세가 형성된다. 사과는 상위 노출로도 충분히 풀어낼 수 있다. 특히 사과 같은 아이템은 '올웨이즈' 등에서도 미친 듯한 판매량을 끌어낼 수 있다. 올웨이즈 소비층 중에는 매일 아침 사과를 먹어야 하는 40~50대 여성들이 많다. 주 소비층이다.

- 한라봉: 3kg 선물용 구성보다는 가정용/벌크(막 박스 포장)가 압도적으로 잘나간다. 따라서 미리미리 준비해야 한다. 경쟁 강도 면에서도 사과는 진짜 아무것도 아닌 초 블루오션이라고 봐도 과언이 아니다. 특히 가정용이 나온다고 하면? 누구보다 빠르게 선점하길 추천한다. 가정용 10kg는 선물로도 많이 구매한다.

- 황금향: 사실 겨울 베스트로 보기는 힘든데, 저렴한 물건 중에서는 압도적으로 잘나간다. 황금향은 추석에 반짝하고 꺼

지는 아이템이라 다들 그냥저냥 넘어가는 경우가 많은데, 귤 값이 올라서 그런 걸까? 불타는 분위기다. 트래픽상으로는 보통이지만, 시장성이 지금 한몫하고 있다고 보면 좋을 듯하다.

- 귤: 귤은 말해 뭐할까. 이것도 사실 사과와 똑같이 경쟁이 치열하다. 따라서 귤은 저렴하게 가져와서 저렴하게 팔아야 조금이나마 판매가 된다. 나는 매년 귤을 무지막지하게 판매하는데 네이버/쿠팡 등 오픈마켓 상위 노출은 하나도 하지 않는다. 오로지 '행사 구좌'로만 상대하고 있다. 따라서 행사 쪽을 알아보는 것이 귤 판매에는 도움이 될 것이다.

- 콜라비: 작년에는 콜라비를 이렇게 많이 팔지 않았는데, 올해는 초반부터 힘이 굉장히 세다. 하루에 1t 정도 판매되고 있다. 경쟁 강도가 그리 세지 않아서 붙어 볼 만한 아이템이라고 생각된다.

- 체리: 체리는 블루오션 중의 블루오션이다. 생각보다 판매하는 업체들이 많지 않고, 겨울에는 특히나 냉해 이슈 때문에 어려운 품목 중 하나다. 상시 판매로는 엄청나게 많이 팔린다고 보기 힘든 아이템이지만 행사 시에는 미친 듯이 나가는 품목이다. 워낙 범용성(누구나 쉽게 먹기 좋음. ex. 귤/사과 등)이 좋기 때문이다. 특히, 상위 노출 판매로는 아마 하루에 10~20개 정도가 맥스일 듯하다. 그러다 보니 더 덤벼드는 사람들이 많이 없는 것도 큰 장점 중 하나다.체리라는 아이템 자체가 갖고 있는 특성 때문에 어디에 내놔도 팔기 쉽다. 쿠팡/네이버

만 보지 말고 제이슨딜의 공구마켓 & 토스 & 올웨이즈 등도
한 번 보라. 올려만 뒤도 팔 수 있다.

소개한 품목 중 초보 마케터들도 부담 없이 선택할 수 있는 과
일 상품이 있으니 망설이지 말고 도전해 보는 것을 강력히 추천한
다. 결국 팔아 본 만큼 알게 된다. 그만큼 경험이 중요하니 닥치는
대로 시도해 보라.

Q. 과일의 품질을 유지하기 위한 특별한 조치는 무엇이 있을까?

A. 과일의 품질을 유지하기 위한 조치는 과일이 소비자에게 도
달할 때까지의 신선도와 영양가를 최대한 보존하기 위해 매우 중
요하다. 이러한 조치는 과일의 맛과 품질을 최상으로 유지하는 데
필수적이며, 이는 결국 소비자의 만족도를 높이고 브랜드의 명성
을 강화하는 데 기여한다. 그럼, 과일의 품질 유지를 위한 조치로
무엇이 있을까?

① 적절한 수확 시기 결정: 과일이 너무 일찍 또는 너무 늦게 수
확되면 그 품질에 부정적인 영향을 미칠 수 있다. 예를 들어,
너무 이른 시기에 수확된 과일은 충분한 당도를 갖지 못할 수
있으며, 너무 늦게 수확된 과일은 과도하게 익어서 맛이 떨어

질 수 있다. 따라서 각 과일 종류에 따른 적절한 수확 시기를 정확히 파악하고 이를 준수하는 것이 중요하다.

② 첨단 보관 기술의 적용: 수확된 과일은 즉시 적절한 온도와 습도 조건에서 보관되어야 한다. 예를 들어, 냉장 보관은 과일의 신선도를 유지하는 데 매우 효과적인 방법이며, 대기 조절 기술(CA)은 과일의 숨쉬기를 조절해 신선도를 더욱 연장할 수 있다. 또한 저온 처리는 특정 과일의 부패를 지연시키는 데 유용할 수 있다. 이와 같은 첨단 기술의 적용은 과일이 소비자에게 도달할 때까지 최적의 상태를 유지하는 데 큰 도움이 된다.

③ 실시간 모니터링 시스템 구축: 과일의 보관과 운송 과정에서 온도와 습도는 과일의 품질에 큰 영향을 미친다. 이를 실시간으로 모니터링하고 조절할 수 있는 시스템을 구축하면 이상 징후를 조기에 발견하고 적절히 대응해 과일의 품질을 보호할 수 있다.

④ 품질 관리 프로토콜 마련: 과일의 품질을 일관되게 유지하기 위해서는 체계적인 품질 관리 프로토콜이 필요하다. 이는 생산, 수확, 보관, 운송 등 과일이 소비자에게 도달하기 전까지의 모든 단계에서 품질 기준을 충족하는지를 확인하고 보장한다. 정기적인 검사와 평가를 통해 품질 관리의 효과를 지속적으로 개선할 수 있다.

⑤ 적절한 포장 방법 선택: 과일의 종류와 특성에 따라 최적의

포장 방법이 달라진다. 예를 들어, 일부 과일은 충격에 민감해 특별한 보호 포장이 필요할 수 있으며, 다른 과일은 통기성이 좋은 포장재를 사용해 숨을 쉴 수 있게 해야 할 수도 있다. 포장은 또한 과일을 외부 환경으로부터 보호하고, 운송 중에 발생할 수 있는 물리적 손상으로부터 과일을 안전하게 지키는 역할을 한다. 따라서 과일의 종류와 특성을 고려해 가장 적합한 포장 방법을 선택하는 것이 중요하다.

앞에서 언급한 조치들은 각각 과일의 품질과 신선도를 유지하는 데 중요한 역할을 하며, 이를 통해 최종 소비자에게 높은 품질의 과일을 제공할 수 있다. 특히, 적절한 수확 시기의 결정은 과일이 자연적으로 최고의 맛과 영양을 갖출 수 있게 해 주며, 첨단 보관 기술의 적용은 과일이 장기간 신선하게 유지될 수 있도록 도와준다. 또한 실시간 모니터링 시스템과 체계적인 품질 관리 프로토콜의 구축은 과일의 품질을 지속적으로 관리하고 개선하는 데 필수적이다.

끝으로, 과일의 종류와 특성에 맞는 적절한 포장 방법의 선택은 과일이 소비자에게 안전하게 도달할 수 있도록 한다. 이러한 하나하나의 노력은 과일 산업에 있어 소비자 만족도를 높이고, 브랜드의 신뢰성을 강화하는 데 결정적인 역할을 할 것이다.